Abt Johannes Eckert OSB

Apokalypse

Abt Johannes Eckert OSB

Apokalypse
Bilder des Schreckens, Bilder der Hoffnung: Visionen für heute

HERDER

FREIBURG · BASEL · WIEN

© Verlag Herder GmbH, Freiburg im Breisgau 2022
Alle Rechte vorbehalten
www.herder.de

Als deutsche Bibelübersetzung ist zugrunde gelegt:
Die Bibel. Die Heilige Schrift
des Alten und Neuen Bundes.
Vollständige deutschsprachige Ausgabe   ΑΩ DIE BIBEL
© Verlag Herder GmbH, Freiburg im Breisgau 2005

Umschlaggestaltung: Verlag Herder
Umschlagmotiv: © lindsay_imagery / GettyImages

Satz: Röser MEDIA GmbH & Co. KG, Karlsruhe
Herstellung: GGP Media GmbH, Pößneck
Printed in Germany

ISBN Print 978-3-451-03395-7
ISBN E-Book (EPUB) 978-3-451-83395-3
ISBN E-Book (E-PDF) 978-3-451-83396-0

Meinen Freunden, ihren Kindern und Enkeln
als zuversichtliche Ermutigung

Inhalt

Einleitung

Das Werk - ein gewaltiger Weckruf

Apokalypse – das Wort, das dem letzten Buch der Bibel seinen Titel gab, ist derzeit in aller Munde, um unterschiedlichste Schreckensszenarien zu beschreiben. Mir kommt es vor, dass wir unsanft aufgeweckt werden, wie es einer meiner Lieblingswitze auf den Punkt bringt. Der kleine Max schläft im Religionsunterricht ein. Während er zufrieden vor sich hinschlummert, stupst ihn die Religionslehrerin mit dem Finger an und fragt: „Was bist denn du für einer?" Worauf Max hellwach antwortet: „Ein aufgewecktes Kerlchen!"

Manchmal werden wir unsanft aus unseren Träumen gerissen und finden uns als „aufgeweckte Kerlchen" in einer anderen Wirklichkeit wieder. Sicherlich sind wir nicht immer so schlagfertig wie der kleine Max, sondern reiben uns schläfrig die Augen und fragen verdutzt: Was ist denn eigentlich los? Wo bin ich denn?

Mir scheint, dass wir seit einigen Jahren immer wieder aus einer Traumwelt aufgeweckt werden, in der wir uns in unserem Wohlstand eingerichtet haben. Spätestens mit der sogenannten „Flüchtlingskrise", als die Medien permanent Bilder von Menschen auf der Flucht zeigten, die mit ihrem wenigen Hab und Gut beladen, von Polizeiautos eskortiert, zu Fuß die Grenze Deutschlands passierten, klopfte die Realität der globalen Krise an unsere Haustüren. Unsanft rüttelte sie an uns: Aufstehen! Die Wirklichkeit des Bürgerkrieges in Syrien, die Folgen der Terrorherrschaften beispielsweise in Afghanistan oder Nigeria, die zunehmende Verwüstung weiter Teile Afrikas stehen mit diesen Menschen vor unserer Tür und wecken uns auf!

Hinzu kommen täglich Katastrophenmeldungen in den Nachrichten: Bilder von verheerenden Buschbränden in Australien, die Menschen und Tiere lebensbedrohlich bedrängen, von dunklen Wolken der Heuschreckenschwärme, die in Ostafrika ganze Landstriche kahl fressen, von Militärlastwagen, beladen mit Särgen, die die Toten der Corona-Pandemie aus der norditalienischen Stadt Bergamo herausschaffen, oder die furchtbaren Zerstörungen der Flutkatastrophe im Aartal, die über Nacht vielen alles Hab und Gut geraubt hat. Die Schreckensbilder von weltweiten Katastrophen ließen sich beliebig fortsetzten, von den Zuständen in den Flüchtlingslagern rund ums Mittelmeer angefangen bis hin zum Abschmelzen der Gletscher und Pole oder der Rodung der Regenwälder durch gewaltige Bulldozer, die den Klimawandel drastisch veranschaulichen. Ganz zu schweigen vom Krieg in der Ukraine und seinen unmenschlichen Ausdrucksformen, die die Weltordnung und den Glauben an eine bessere Zukunft nach dem Ende des Kalten Krieges ins Wanken bringen. Was ist los mit unserer Zeit? Steht die Endzeit, der Weltuntergang, die Apokalypse bevor? Wie deuten wir diese Weckrufe? Bin ich ein aufgewecktes Kerlchen, das hellwach sieht, was vor sich geht, oder ein schlaftrunkener Träumer, der sich müde die Augen reibt?

Die aktuellen Bilder der gewaltigen Umbrüche, in denen wir uns befinden, motivierten mich, mich intensiver mit dem letzten Buch der Bibel, der Apokalypse, zu beschäftigen.

Zugegebenermaßen tat ich mich zunächst damit schwer und wollte zwischenzeitlich dieses Buchprojekt immer mal wieder aufgeben. Die Brutalität und die Grausamkeiten der Apokalypse, wie sie in vielen Passagen z. B. durch vernichtende Plagen, durch zerstörerische Mächte und ins Chaos wechselnde Zustände dargestellt werden, wirken nach wie vor abstoßend auf mich. Auch zeichnet die Apokalypse ihre ausdrucksstarken Bilder meist im scharfen Kontrast von Schwarz und Weiß, von Gut und Böse, und kennt kaum Grau- und Zwischentöne. Dieser Radikalität, die eher mit Stumpf und Stiel ausreißen will, als bis zur Ernte wachsen lässt, fehlt oft die Weite, die geduldig auf positive Entwicklungen hofft. Hinzu kommt das Bild eines strafenden Gottes, das die Katastrophenbilder bei mir suggerieren. In seiner grenzenlosen Allmacht ist Gott eher zu fürchten und passt so gar nicht zu einem Gottesbild des liebenden und sorgenden Vaters, wie wir es aus den Evangelien kennen. Was also hat die Apokalypse mit Jesus von Nazareth und seiner Botschaft der Liebe zu tun? Betreibt sie nicht vielmehr das Geschäft mit der Angst, wenn zu lesen ist, wie Gott die Menschen bestraft und züchtigt? Geht dadurch nicht die Hoffnung verloren, dass der Glaube an Gott den Menschen ins Weite führt?

Und zugleich gibt es die beiden Kapitel im Buch der Apokalypse, in denen vom neuen Himmel und der neuen Erde sowie vom himmlischen Jerusalem die Rede ist. (Vgl. Apk 21; 22) Diese Zukunftsperspektiven am Ende sind eine hoffnungsfrohe Botschaft, sodass ich zu einem Freund sagte: „Eigentlich würden mir diese beiden Schlusskapitel genügen, auf den Rest könnte ich leicht verzichten!" Aber unsere Welt und Zeit ist anders. Sie ist eben nicht nur eitler Sonnenschein mit fröhlichem Vogelgezwitscher, wie uns die grausamen Bilder vor Augen führen. Aufgrund dieser Parallelität, die auch heutzutage in den Medien bedient wird, haben mich Freunde beharrlich ermuntert, ja aufgeweckt, mich in dieses eigenartige Buch der Bibel tiefer einzuarbeiten und es mit den Herausforderungen unserer Zeit zu konfrontieren.

Je intensiver ich mich mit der Apokalypse auseinandersetzte, desto mehr wurde mir bewusst, dass dieses Abschlusswerk unserer Bibel ein einziger Weckruf für uns Christen darstellt. Wir werden aufgeweckt aus einem Kuschelkurs der Verharmlosung des Glaubens, bei dem es hauptsächlich darum geht, gute Gefühle zu vermitteln und das Christentum als „Wohlfühlreligion" zu präsentieren. Das betrifft auch das christliche Gottesbild. Der Theologe Fulbert Steffensky (*1933) spricht in diesem Zusammenhang von einer Art „Verhaustierung Gottes", wenn er sich unter anderem die neuen Lieder, Gebete und Segenstexte anschaut. Haben wir Gott gezähmt, ihn degradiert zum lieben, alten Opa, dem am Schluss alles recht ist? Ist er im Streichelzoo gelandet? Darf man einen souveränen Weltenrichter, einen Pantokrator, der die Geschicke der Welt in Händen hält, verniedlichen? Und wie schaut es aus mit unserer Verantwortung, die wir für die Welt, für unsere Zeit und ihre Geschicke haben? Letztlich geht es dabei immer um die Frage nach der Gerechtigkeit. Gott wird alles am Ende zum Guten richten und Opfer und Täter, Benachteiligte und Profiteure gleichermaßen in den Blick nehmen.

Das Gottesbild, das uns die Bibel vermittelt und das Jesus verkündet, ist keineswegs harmlos. Die Evangelien sprechen deutlich vom Weltgericht und der Verantwortung, der wir uns stellen müssen. Zugleich geben sie Hoffnung, dass die Armen, die Unterdrückten und Geschundenen zu ihrem Recht kommen werden. Gott vergisst sie nicht. Auch diese Gedanken finden sich im letzten Buch der Bibel wieder.

Die Apokalypse will in drastischen Bildern wachrütteln für die Wirklichkeit, die uns umgibt. Sie macht deutlich, dass nicht alles gut läuft und es aufgeweckte Menschen braucht, die gegensteuern, indem sie *nicht* bei allem mitmachen, sich aktiv für das Gute in der Welt einsetzen und Leben zum Positiven verändern. Sie will aber auch ermutigen, auszuhalten in allen bedrängenden Krisen: Gebt als Christen die Hoffnung nicht auf, dass letztlich Gott Regie führt und dadurch alles zu einem guten Ende kommen wird.

Freilich sind manche Gedanken der Apokalypse mit Vorsicht zu genießen. Oft genug diente sie in der Geschichte der Christenheit dazu, den Gegner zu verteufeln, indem dieser z. B. als „Antichrist" gebrandmarkt wurde. Hier sei nur an die Konflikte zwischen Martin Luther (1483–1546), den Reformatoren und dem römischen Papsttum erinnert, bei dem sich beide Seiten nichts schuldig blieben.

Dennoch ist die Apokalypse ein faszinierendes Werk, denn als Abschlusswerk der Bibel bündelt sie die Schriften des Alten und des Neuen Testaments. Lange Zeit war es umstritten, ob sie überhaupt in den Kanon der Heiligen Schrift aufgenommen wird. Und doch atmet sie wie kein anderes Buch der Bibel den Geist vieler Schriften des Alten und des Neuen Testaments. Sie ist inspiriert von den Propheten, besonders von Jesaja, Ezechiel und Daniel sowie von den Psalmen. Sie greift zurück auf die Schöpfungsmythen der Genesis und die Geschichte Israels im Exodus. Ihr Autor kennt die synoptischen Evangelien, die johanneischen Schriften und die paulinische Theologie sowie die anderen apostolischen Briefe. Daher ist sie geradezu prädestiniert, als letztes Buch der Bibel den Kanon der Schriften abzurunden.

Dabei ist die Apokalypse auch das biblische Buch, das aufgrund seiner ausdrucksstarken und fantasievollen Bilder am meisten die Kunst beflügelt. Man denke nur an Albrecht Dürers (1471–1528) *Apokalyptische Reiter*, an Philipp Nicolais (1556–1608) Adventslied *Wachet auf ruft uns die Stimme* oder an den beeindruckenden Christus Pantokrator im Dom von Monreale auf Sizilien, der den Besucher eindrücklich ansieht. Die Apokalypse hat Fantasy-Literatur wie Tolkiens (1892–1973) *Der Herr der Ringe* gleichermaßen inspiriert wie Science-Fiction-Filme wie *Star Wars* und vieles andere mehr. Vielleicht ist ihre Botschaft gerade deswegen besonders für unsere bilderreiche Zeit so wichtig.

Der Titel des Buches „Apokalypse" ist im Deutschen zum stehenden Begriff für Katastrophen geworden, die zum Weltuntergang führen. Das hängt damit zusammen, dass sie in drastischen Bildern auch die Vollendung der Welt thematisiert. Allerdings – und darauf weisen die Bibelwissenschaftler immer wieder hin – darf sie weder als Endzeitfahrplan, noch als verschlüsseltes Werk, also als „Buch mit sieben Siegeln", wie sie manchmal genannt wird, missverstanden werden. Ihr geht es vielmehr darum, den Heilsplan Gottes offenzulegen. Daher beginnt sie mit dem griechischen Wort Apokalypse, das ihr auch den Titel gab. Apokalypse heißt auf Deutsch: „Enthüllung, Offenbarung, Offenlegung". Das ist ihr großes Anliegen und ihr Programm: Veröffentlichung. In ihr wird aufgedeckt, dass Gott allein der Herr der Geschichte ist und diese zum Ziel führen wird. Dabei spielt sein Sohn die entscheidende Rolle. Es ist die „Enthüllung Jesu Christi", wie es am Anfang heißt. (Vgl. Apk 1,1) Der Sohn Gottes ist zugleich Subjekt, Auftraggeber und eigentlicher Autor dieses Buches, und Objekt, wesentlicher Inhalt des Werkes. Dabei tritt der historische Jesus, wie wir ihn aus den Evangelien kennen, völlig in den Hintergrund. Wir erfahren z. B. nichts über sein

Wirken in Galiläa, seinen Weg nach Jerusalem oder sein Leiden und Sterben. Die Apokalypse schreibt Ostern fort. Für sie ist allein entscheidend: Jesus von Nazareth hat den Tod besiegt und wird als ersehnter Messias (gr. *Christos*) die Welt zur Vollendung führen. Keine Macht wird den Auferstandenen daran hindern können, eine gerechte Ordnung durchzusetzen. Jesus Christus ist der Sohn Gottes, der das Leben garantiert, indem er den Kampf mit den Todesmächten aufnimmt und siegreich zu Ende führt. So will der Autor der Apokalypse die Christengemeinden in der Bedrängnis aufwecken und fordert dazu auf, mit offenen Augen durchs Leben zu gehen und nicht den Mächten dieser Zeit zu erliegen. Auch uns Leser ermutigt er, im Heute durchzuhalten im Hinblick auf den, der als der Auferstandene für das neue Leben eintritt.

Der Autor - ein aufgeweckter Prophet

Der eigentliche Autor der Apokalypse im Sinne des lateinischen Wortes *auctor*, was „Urheber, Schöpfer, Förderer, Veranlasser" meint, ist Jesus Christus selbst. Das wird schon mit den ersten Worten unterstrichen. Davon ist zumindest der Seher Johannes überzeugt. Jesus selbst gibt ihm höchstpersönlich den Schreibbefehl: „Schreib auf!" (Apk 1,19) Vom Auferstandenen geht also die Initiative aus. Bei ihm liegen die Urheberrechte, wie wir sagen könnten.

Freilich könnte diese göttliche Urheberschaft ein kluger Schachzug sein, denn diese gibt Johannes höchste Legitimität: Mit Jesus im Hintergrund als eigentlichen Autor, der gleichsam Johannes diktiert, bekommt der Seher unübertreffbare

Autorität. Das könnte ihm in den Auseinandersetzungen mit seinen innergemeindlichen Gegnern zum Vorteil dienen.

Johannes selbst bezeichnet sich als Prophet, aber nie als Apostel. Dies lässt heute die meisten Exegeten zu dem Schluss kommen, dass er weder mit dem Apostel Johannes noch mit dem gleichnamigen Evangelisten identisch ist, wovon die Tradition lange Zeit ausgegangen ist. Als Prophet ist es seine Aufgabe, den Willen Gottes unverkürzt denen, die an Jesus Christus glauben, zu verkünden. Dabei geht es weniger um die Zukunft, um das, was irgendeinmal sein wird, als vielmehr um die Gegenwart. Im Heute will Johannes wachrütteln und aufzeigen, worum es Gott geht. Daher bezeichnet er sich auch als Mitknecht, bzw. als Sklave Gottes. Gott allein ist sein Herr. Gegenüber anderen Herren, sei es im politischen Bereich, sei es innerhalb der Gemeinden seiner Zeit, sieht sich Johannes als freier Mensch. Dies befähigt ihn, deutlich den Finger in die Wunden zu legen, ungemütlich und eindeutig auf das hinzuweisen, was seiner Meinung nach nicht im Sinne Gottes ist. Als frommer Judenchrist nutzt er dazu die Bilder seiner Bibel, die Bilder des Alten Testaments. Diese Schriften hat Johannes offenbar intensiv verinnerlicht und meditiert. Er hat sie „ge-sichtet", sodass sie zu „erlesenen Einsichten" wurden, wie es der evangelische Theologe Michael Heymel (*1953) so treffend formuliert. Als „erlesene Einsichten" werden sie zu ausdrucksstarken Visionen. „Ein Bild sagt mehr als 1000 Worte", so heißt es im Sprichwort. Diese Erkenntnis macht sich Johannes zu eigen. Die Bilder seiner Bibel deutet Johannes auf Jesus von Nazareth und seine Botschaft vom Reich Gottes. Er ist davon überzeugt, dass der Gekreuzigte der Messias (gr. *Christos*) ist, der von seinem Volk Israel schon so lange ersehnt wurde. Johannes glaubt, dass alle Schriften des Alten Testaments auf Jesus Christus hinführen und sich in ihm erfüllen. Er ist der von Gott gesandte Retter und Erlöser, der den Tod besiegt hat. Er ist der Sohn Gottes, auf den wir uns in allen Bedrohungen unseres Lebens verlassen können.

Mit dieser Kernbotschaft, die den vier Evangelien und der paulinischen Theologie entspricht, wendet sich Johannes an die Christengemeinden in sieben Städten Kleinasiens, der heutigen Türkei. Wahrscheinlich sind die Adressaten Christen in der zweiten oder dritten Generation, denn schon der Apostel Paulus hatte erfolgreich in dieser Region den Glauben an Jesus Christus verkündet. Auch Johannes wählt für seine Ermutigungen und Ermahnungen die Form des Briefes. Sein Brief wurde wahrscheinlich als Rundschreiben von Gemeinde zu Gemeinde weitergegeben. (Vgl. Apk 1,4) Das bedeutet aber auch, dass es sich bei den Ausführungen des Johannes nicht um einen Monolog handelt, sondern um einen Austausch und Dialog, lässt doch der Brief die Antwort und das kritische Feedback zu. Das bedeutet, auch wir können heute dem Gelesenen zustimmen, es ablehnen oder um unsere Einsichten erweitern und deuten. Johannes selbst wäre davon höchstwahrscheinlich nicht begeistert. Ausdrücklich betont er, dass seiner Apokalypse weder etwas hinzugefügt noch diese verkürzt werden darf. (Vgl. Apk 22,18–19) Ob sich seine Adressaten daran hielten, ist nicht überliefert. Ich kann es mir jedenfalls nicht vorstellen. Hätte sonst Johannes sich schon im Vorfeld so eindeutig positionieren müssen, indem er sich einerseits mit der Autorität Jesu wappnet, andererseits seine innergemeindlichen Gegner scharf angeht?

Der Inhalt – Protest am Heute

Wahrscheinlich entstand die Apokalypse am Ende des 1. Jahrhundert n. Chr. Davon gehen heute die meisten Forscher aus. Kleinasien, also das Gebiet der heutigen Türkei, war damals eine der blühendsten Wirtschaftsregionen des römischen Weltreiches. Gerade dort wurde der neu eingeführte Kaiserkult besonders gefördert und gepflegt. Dieser sollte in der Vielfalt der unterschiedlichen Religionen, Kulturen und Weltanschauungen die Einheit des Imperiums sichern. So soll sich Domitian (51–96) als erster römischer Kaiser als *Dominus ac Deus* – „Herr und Gott" bezeichnet und verlangt haben, dass ihm in allen Regionen geopfert wird. Die Christen standen nun vor schwierigen Fragen: Wie sollen wir uns verhalten? Kann es Kompromisse geben, etwa wenn bei Festen billigeres Götzenopferfleisch zum Essen gereicht wird? Sollen wir einen harten Kurs der Abgrenzung fahren? Worin besteht unser christliches Profil? Was ist wesentlich und was ist nicht so entscheidend?

Anscheinend muss es in den Gemeinden Kleinasiens Tendenzen der Anpassung gegeben haben, dass sich manche aus kluger Abwägung heraus mit dem System zu arrangieren versuchten, indem sie z. B. den Verzehr von Götzenopferfleisch gestatteten. Damit wollte man wohl einen harten Konfrontationskurs mit der römischen Herrschaft vermeiden. Das wäre übrigens auch ganz im Sinn des Apostel Paulus gewesen, der besonnen das Problem abwägt. (Vgl. 1 Kor 8)

Johannes dagegen ist ein Hardliner, wie wir sagen können. Als Judenchrist, der an Christus glaubt und an den Traditionen Israels festhält, sieht er in der römischen Weltmacht mit ihrem absolutistischen Anspruch, der sich im Kaiserkult spiegelt, wiedergöttliche Mächte, d. h. letztlich den Teufel am

Werk. Wer sich damit verbündet, wird im wahrsten Sinne des Wortes Gott los, also gott-los – a-theistisch –, und begibt sich in die Abhängigkeit des Bösen. Um davor eindrücklich zu warnen, nutzt Johannes die Bilder seiner heiligen Schriften, in denen u. a. fremde Herrschaften wie die Weltmacht Babylon als bestialische Monster dargestellt werden, die alles Menschliche vernichten. Ebenso greift er auf die ägyptischen Plagen zurück, mit denen Gott einst den Pharao dazu bewegen wollte, sein Volk in die Freiheit ziehen zu lassen. Diese Formen des göttlichen Protests gegen weltliche Herrschaft überträgt der Seher auf seine Zeit. Er interpretiert sie auf seine Weise und ruft zum Widerstand auf. Johannes vertritt dabei radikale Ansichten. Für ihn ist klar, ein echter Christ kann keine Kompromisse mit dem Römischen Reich eingehen. Wer das tut, ist für ihn ein falscher Prophet und gleicht einer Hure. (Vgl. Apk 2,20) Scharf kritisiert er daher solche Tendenzen. Vielleicht würden wir Johannes aus heutiger Sicht als Fundamentalisten bezeichnen. Das macht ihn mir persönlich nicht gerade sympathischer. Dabei darf man aber auch seine Situation nicht vergessen. Er sah seine Gemeinden als Minderheiten in einer feindlichen Mehrheitsgesellschaft, die dem christlichen Glauben mit der Einforderung des Kaiserkultes bedrohlich gegenüberstand. Wahrscheinlich stand er auch wie viele andere Juden und Judenchristen noch unter dem Schock, dass die Römer kurz zuvor Jerusalem erobert und den Tempel zerstört hatten (70 n. Chr.). So verstanden ist die Apokalypse nicht Prognostik mit Blick auf die Zukunft, sondern Protest mit Blick auf das Heute! Indem sie die Zukunft des römischen Weltreiches infrage stellt, ist sie ein hochpolitisches Werk auch für uns und fordert geradezu unsere Interpretation mit Blick auf die Herausforderungen unserer Zeit.

Wie alle Apokalyptiker ist Johannes davon überzeugt, dass seine gegenwärtige Weltzeit von einer neuen abgelöst wird. Durch Gottes Eingreifen wird in diesem neuen Äon alles gut sein; die Gerechtigkeit wird siegen. Davor aber steht das Gericht, vor dem sich die Menschen verantworten müssen. Jetzt haben sie noch die Chance, sich auf die richtige Seite zu stellen und die Seite Gottes aufzusuchen. Auch dazu will Johannes wachrütteln.

Mit den Bildern seiner Bibel, die auch seinen Adressaten vertraut sind, aber einem Außenstehenden bis heute fremd und unverständlich erscheinen, will Johannes ebenso zum Standhalten motivieren. Er will klar machen und enthüllen, wohin einerseits das Arrangement mit der atheistischen Macht der Römer führt und welche Lebensperspektiven andererseits das geduldige Aushalten in aller Bedrängnis eröffnet: Die neue Stadt – das himmlische Jerusalem, das den Menschen von Gott geschenkt wird. (Vgl. Apk 21; 22) So verstanden ist die Apokalypse mit ihren drastischen Bildern eine Widerstands- und Untergrundschrift, die nur diejenigen verstehen können, die in die Bilder des Altes Testaments eingeweiht sind. Das gilt auch für uns heute.

Bei aller Radikalität und Schwarz-Weiß-Malerei, die nie der Wirklichkeit in ihrer Vielfalt entsprechen kann, beeindruckt mich persönlich besonders Johannes tiefer Glaube und sein Mut, dass er es sich herausnimmt, die alles beherrschende Macht des Imperium Romanum infrage zu stellen. Er ist fest davon überzeugt, dass dieses zu Ende gehen wird. Für ihn ist Gott allein der Herr der Geschichte. Mit der Auferweckung seines Sohnes hat er den Tod besiegt. Das ist die entscheidende Wende zum Leben. Darauf kommt es ihm an und dafür will er österlicher Zeuge sein. Durch diesen festen

Glauben hat er auch mich aufgeweckt, die Frage nach den Zeichen der Zeit heute neu zu stellen.

Johannes schreibt die Apokalypse auf der Insel Patmos in der südlichen Ägäis, die dem Festland Kleinasiens vorgelagert liegt. Dabei befindet er sich selbst in einer bedrängnisvollen Situation. (Vgl. Apk 1,9) Ob er auf die Insel aufgrund seines radikalen Protestes verbannt wurde oder ob er sich dorthin geflüchtet hat, um sich in Sicherheit zu bringen, ist ungewiss. Vielleicht hat er auch die Insel als Rückzugsort aufgesucht, um aus der Distanz zum pulsierenden Leben der kleinasiatischen Städte in Ruhe seine Einsichten ordnen zu können. Aber auch das bleibt eine Hypothese. Für mich bringt das Inselexil des Johannes die Lebenssituation der christlichen Gemeinden ins Bild: Inmitten des römischen Weltreiches, das alle Lebensbereiche bestimmen will, bilden die christlichen Gemeinden Inseln, die von einer anderen Welt und Wirklichkeit zeugen. Das kann auch für die Gemeinden unserer Zeit ein tröstliches Bild sein.

Wenn man die Apokalypse von Anfang bis Ende liest, fühlt man sich nach ihrer Lektüre wie erschlagen. Mir erging es jedenfalls des Öfteren so und ich frage mich, wie dieses imposante Werk wohl bei den Erstlesern in den sieben Gemeinden angekommen ist. Je mehr ich mich mit diesem letzten Buch der Bibel beschäftigte, desto mehr suchte ich nach einer inneren Struktur. Zwar gibt es verschiedene Siebener-Reihen: Sieben Sendschreiben an die Gemeinden, sieben Siegel, die geöffnet werden, sieben Posaunen, die ertönen, und sieben Plagen, die über die Welt kommen, sieben Donner, die erschallen. Auch kennt die Apokalypse sieben Seligpreisungen und sieben Wehe-Rufe. Aber diese Siebener-Reihen gehen ineinander über und weisen keine Struktur auf. Immer wieder wechseln dabei die Orte. Mal schaut Johannes in den

Himmel, wie dort Hymnen vor Gottes Thron erklingen, dann wieder sieht er, wie die Erde von Katastrophen heimgesucht wird. Wie kam er auf diese, auf mich chaotisch wirkende Aneinanderreihungen?

Am Ende der Lektüre blieben bei mir besonders die beeindruckenden Bilder hängen, die das ganze Werk wie ein großes Drama erscheinen lassen: Sterne, die vom Himmel fallen, Flüsse und Bäche, die sich in Blut verwandeln, gewaltige Erdbeben, die Berge zum Einstürzen bringen, weiß gewandete Erlöste, die Gottes Größe preisen, furchterregende Reiter, die Not und Tod über die Erde bringen, bestialische Monster und Drachen mit sieben Köpfen und zehn Hörnern, eine schwangere Frau, die unter Schmerzen ihr Kind gebiert, eine reiche Hure, die die ganze Welt in Bann zieht, eine Braut, die vom Himmel kommt, der Thronsaal Gottes, in dem prächtige Hymnen erklingen, Aasgeier, die auf einem Schlachtfeld Leichen zerfetzen, ein nach Schwefel stinkender Feuersee, in dem die furchtbaren Tiere gequält werden, und am Ende die neue Stadt Jerusalem, die erfüllt wird vom strahlenden Lichtglanz Gottes.

All diese gegensätzlichen Bilder erinnerten mich daran, wie wir als Jugendliche Bilder und Überschriften aus Zeitungen und Zeitschriften ausschnitten. Wir fertigten daraus Collagen, die dann auf Stellwände befestigt wurden und konfrontativ auf Missstände hinwiesen: Armut in der damals sogenannten „dritten Welt" und der Reichtum im Westen, Umweltzerstörung in Industrieländern und die Ausbeutung in Entwicklungsländern, Aufrüstung in West und Ost, Hunger und Leid in den Ländern des Südens usw. Bilder spielen auch gerade heute für jüngere Menschen eine wichtige Rolle. In sozialen Medien präsentieren sie sich mit Fotos und kleinen Filmen und vermitteln auf diese Weise ihre Botschaften.

Eigentlich hat Johannes nichts anderes mit den Mitteln seiner Zeit getan, wenn er seine Bilder an die Gemeinden in Form eines Rundbriefs verschickte.

All das hat mich ermutigt, den Ablauf und die Suche nach einer Struktur hinter mir zu lassen und wie der Seher Johannes Bilder auszuwählen, die aus meiner Sicht besonders ausdrucksstark sein Anliegen vermittelten. Auch habe ich mich getraut, die Reihenfolge der Visionen zu ändern. Dadurch zeichnet sich in der Anreihung der Visionen eine gewisse Dynamik ab. Dabei habe ich mich jeweils gefragt: Was hat dieses Bild uns heute zu sagen und wie hängen die Bilder zusammen? Da die Sieben als Zahl der göttlichen Vollkommenheit in der Apokalypse eine besondere Rolle spielt, beschränke ich mich auf sieben Bilder bzw. Visionen. Diese führen dann in die finale Vision des achten Bildes, beginnt doch mit dem achten Tag eine neue Woche und für den Christen durch die Auferstehung Jesu am ersten bzw. achten Tag eine neue Zeit. Dem Ganzen vorgeordnet wurde der Auftakt auf Patmos, der das Vorzeichen angibt, unter dem die folgenden Visionen zu deuten sind: Johannes erlebt Ostern. Er wird vom Auferstandenen aus dem Tod aufgerichtet. Oder, wie wir auch sagen könnten: Johannes wird zum aufgeweckten Kerlchen!

Auftaktvision

Inseln gelten von jeher als Sehnsuchtsorte. Sie sind Orte der Konzentration und der Reduktion auf das Wesentliche. Inseln haben Menschen schon immer fasziniert, inspiriert und zum Träumen angeregt. „Ich bin reif für die Insel!", hört man dann und wann jemanden sagen, dem alles zu viel wird und über den Kopf wächst. Auf Inseln findet man scheinbar fernab vom großen Ganzen, frei vom Trubel der Zeit, zur Ruhe und kommt damit zu sich selbst.

Bekannte Klosterinseln, wie die Reichenau im Bodensee oder Frauenwörth im Chiemsee, unterstreichen dies. Sie verwirklichen auch geografisch das, wie das Mönchtum an sich gerne beschrieben wird: *in insula vivere* – als Leben auf einer Insel. Klöster gelten auch in der Stadt als „Oasen der Stille", als Ruheorte, die sich der Hektik des Alltags und dem geschäftigen Treiben auf den Straßen entziehen.

Freilich kann auch das komplette Gegenteil eintreffen und man fühlt sich auch auf einer Insel gefangen, weil man nicht so einfach von ihr wegkommt. Nicht umsonst gibt es berühmte Gefängnisinseln, wie Pianosa in Italien oder Alcatraz in der Bucht von San Francisco in den USA.

Wir wissen nicht, ob die Insel Patmos für Johannes Gefängnis oder Rückzugsort war. Sicher ist jedoch: Die Erfahrung der eigenen Begrenztheit und des Gefangenseins in sich selbst beflügelt den Menschen, all dies zu durchbrechen, um sich selbst zu übersteigen.

Ähnlich muss es Johannes ergangen sein, als er dort seine gewaltigen Visionen hatte.

Der Seher erlebt Ostern

Ich, Johannes, euer Bruder und Gefährte in der Bedrängnis, in der Königsherrschaft und im geduldigen Warten auf Jesus, ich befand mich auf der Insel, die Patmos heißt, um des Wortes Gottes und des Zeugnisses Jesu willen. Ich wurde am Tag des Herrn vom Geist ergriffen und hörte hinter mir eine gewaltige Stimme, wie eine Posaune. Sie sprach: Was du siehst, schreibe in ein Buch und schicke es den sieben Gemeinden: nach Ephesus, nach Smyrna, nach Pergamon, nach Thyatira, nach Sardes, nach Philadelphia und nach Laodizea. Da wandte ich mich um, die Stimme zu sehen, die mit mir sprach. Als ich mich umgewandt hatte, sah ich sieben goldene Leuchter und mitten unter den Leuchtern einen, der wie ein Mensch aussah, gekleidet mit einem Gewand, das bis auf die Füße reichte, und um die Brust gegürtet mit einem goldenen Gürtel. Sein Haupt und seine Haare waren weiß wie weiße Wolle, so weiß wie Schnee, und seine Augen wie Feuerflammen; seine Füße glichen Golderz, das im Schmelzofen glüht, und seine Stimme war wie das Rauschen vieler Wasser. In seiner rechten Hand hielt er sieben Sterne und aus seinem Mund ging ein scharfes, zweischneidiges Schwert hervor und sein Angesicht war wie die Sonne, die scheint in ihrer Kraft. Als ich ihn sah, fiel ich vor seinen Füßen nieder wie tot; da legte er seine Rechte auf mich und sagte: Fürchte dich nicht! Ich bin es, der Erste und der Letzte und der Lebendige. Ein Toter bin ich gewesen, doch nun bin ich lebendig in alle Ewigkeit und ich habe die Schlüssel des Todes und der Unterwelt. Schreibe also auf, was du gesehen hast: was ist und was danach geschehen wird. Das Geheimnis der sieben Sterne, die du auf meiner Rechten gesehen hast, und der sieben goldenen Leuchter ist: Die sieben Sterne sind die Engel der sieben Gemeinden und die sieben Leuchter sind die sieben Gemeinden.

Apk 1,9–20

„Wer Visionen hat, sollte zum Arzt gehen", soll Altbundeskanzler Helmut Schmidt (1918–2015) einmal gesagt haben. Es passt jedenfalls zum kühlen Hanseaten und nüchternen Machtpolitiker der 1970er-Jahre. Visionen hatten für ihn scheinbar wenig mit der Wirklichkeit zu tun. Und das trifft manchmal ja auch zu: Häufig wirken sie auf den Außenstehenden entrückt, ja nahezu verrückt, und bedürfen der Überprüfung durch den Arzt oder durch eine objektive Instanz. Ist der Visionär Johannes geisteskrank, wie man früher psychische Erkrankungen nannte?

Im allgemeinen Sprachgebrauch ist der Begriff „Vision" heute positiv besetzt. Daher könnten wir den Satz von Helmut Schmidt auch umkehren: Wer *keine* Visionen hat, sollte zum Arzt gehen.

Die Vision steht über der Wirklichkeit. Oft weitet sie den Blick oder verweist auf eine alternative Perspektive. Dabei kann sie Gewohntes infrage, bisweilen sogar auf den Kopf stellen. Das kann beunruhigen und verunsichern, es kann aber auch zu neuen Einsichten führen.

In der Unternehmensführung ist es in den letzten Jahrzehnten sogar Standard geworden, Visionen zu entwickeln. Sie sollen die Richtung vorgeben, in die sich die Firma zukünftig entwickeln könnte. Zugleich sollen Visionen als größeres Ziel die Motivation der Mitarbeiter steigern. Um das zu begründen, wird auf einer Unternehmenshomepage sogar

Erich Fromm (1900–1980) zitiert: „Wenn das Leben keine Vision hat, nach der man sich sehnt, dann gibt es auch kein Motiv, sich anzustrengen."

Doch kehren wir zum Seher auf Patmos zurück. Johannes sieht dort so einiges: Einen Menschen mit schlohweißem Haar, strahlend wie die Sonne, mit einem goldenen Gürtel um die Brust, mit feurigen Augen und glühenden Füßen. Sieben Sterne hält er in seiner rechten Hand und wenn er seinen Mund öffnet, kommt ein zweischeindiges Schwert zum Vorschein. Man könnte fast meinen, Johannes sei einer Science-Fiction-Figur aus *Star Wars* begegnet, oder habe auf der Insel in der Ägäis vielleicht zu viel Sonne abbekommen. „Wer Visionen hat, sollte zum Arzt gehen"…

Doch anders als Helmut Schmidts Zitat nahelegt, kommt Johannes im Traum nicht darauf, medizinische Hilfe in Anspruch zu nehmen. Vielmehr ist er davon überzeugt, dass das Eigenartige, was er hört und sieht, für ihn und seine Mitstreiter höchste Bedeutung hat. Mit den Christen auf dem Festland fühlt er sich tief verbunden. Für sie schreibt er seine Einblicke auf als Bruder und Gefährte in der Bedrängnis. Diese Selbstauskunft gilt dem Leser jeder Zeit, also auch uns. Als gleichwertige Geschwister stehen wir mit Johannes auf einer Ebene, zumal Johannes kein offizielles Amt oder einen Titel für sich in Anspruch nimmt. Es genügt ihm, Bruder und Gefährte zu sein. Und wie er, so befinden auch wir uns in einer Zwischenzeit: Die Auferstehung Jesu liegt hinter ihm und hinter uns. Aber die endgültige Wiederkunft Christi steht noch aus. Zwar ist das Reich Gottes schon mit Jesus von Nazareth angebrochen, doch die Vollendung lässt auf sich warten.

Diesen Zwischenzustand gilt es damals wie heute geduldig auszuhalten. Das ist für Johannes nicht einfach, zumal er von der Bedrängnis spricht. Das griechische Wort *tlipsis* meint

„Bedrückung, Angst, Drangsal" und leitet sich von *tlipo* – „drücken, reiben, bedrücken, bedrängen, einengen" – ab. Wir könnten auch sagen, dass Johannes und seine Glaubensgeschwister unter einer depressiven Stimmung leiden. Sie fühlen sich vom alles beherrschenden System Roms eingeengt.

Doch wie kann man sich aus dieser bedrängenden Situation befreien? Wie kann es Heilung geben, einen Weg heraus aus der Angst in die Hoffnung, aus der Enge in die Weite, aus der Bedrückung in die Freiheit?

Johannes gibt einen Hinweis, wie seiner Meinung nach die Therapie geschehen könnte und wer sein Therapeut ist: Er spricht davon, dass er um des Wortes Gottes und des Zeugnisses Jesu willen auf Patmos ist. Viele sehen darin eine Andeutung, dass Johannes auf die Insel verbannt wurde, weil er mit seiner Kritik den römischen Machthabern auf dem Festland zu weit gegangen ist. Das kann gut sein und schließt eine andere Deutung nicht aus. Wenn Johannes um des Wortes Gottes und um Jesu willen auf Patmos ist, dann ist davon auszugehen, dass er in der Heiligen Schrift und im Evangelium des Jesus von Nazareth fest verwurzelt ist. Das ist sein Lebenselixier, das ihm Kraft gibt. Dafür will er Zeuge sein und so legt er die Schrift auf Jesus hin aus: Heil werden durch die Heilige Schrift und im Glauben, dass in ihr Gottes Geist, der Geist des Auferstandenen gegenwärtig ist und wirkt. So verstanden ist Jesus der Therapeut, der Johannes aus seiner Depression helfen kann. Von ihm ist Johannes begeistert und ergriffen, so nun auch am Herrentag auf Patmos. „Ich war im Geist", heißt es wortwörtlich übersetzt. Johannes lässt sich auf den Geist des Wortes Gottes, auf den Geist Jesu ein. Er ist begeistert von ihm und so gelingt es ihm, seine bedrängende Situation aus einer anderen Perspektive heraus zu betrachten, die ihm zum Leben befreit.

Im Glauben, dass Gott in dieser Welt gegenwärtig ist, versucht Johannes, das Leben der Christen aus der Perspektive Gottes anzuschauen und deutet seine Bedrängnis aus dem Blickwinkel des Ewigen. Das ist Ekstase im eigentlichen Sinn des Wortes: „aus sich heraustreten, außer sich sein". Im Geist tritt Johannes aus sich selbst heraus, aus allem was bedrückt und begibt sich in die Wirklichkeit Gottes, in die Weite. Er stellt immer wieder die Fragen: Was ist der Wille Gottes? Was ist in seinem Sinn und was entspricht seinem Geist? Damit verlässt er die beengende und niederdrückende Situation. Es geschieht Therapie durch Ekstase.

Nichts anderes wird von Petrus (vgl. Apg 11,5) und Paulus (vgl. 2 Kor 12,1) berichtet. Die Fähigkeit zur Ekstase war wohl ein wesentlicher Bestandteil des geistlichen Lebens und prägte die ersten Christengemeinden. Johannes ist außer sich, oder wie wir auch sagen könnten, im Geist entrückt. So ist Johannes *gottesgegenwärtig* in seinem Glauben, dass uns neben der Welt, die wir sehen, noch eine andere Welt umgibt, die heilt und aufrichtet.

Das alles erlebt Johannes am Herrentag, am Sonntag. Auch dieser Hinweis ist bedeutsam. Der Sonntag als wöchentliches Osterfest ist älter als die jährliche Osterfeier am Sonntag nach dem ersten Frühlingsvollmond. Am Tag der Auferstehung, der Woche für Woche den Alltag der Christen unterbricht, versammelt sich die Gemeinde zum Gottesdienst. Im Lesen der Heiligen Schrift, im Brechen des Brotes, in der geschwisterlichen Begegnung ist der Auferstandene in seiner Gemeinde gegenwärtig, so der Glaube seit der Urkirche. Das berichten übrigens auch die Ostererzählungen der Evangelien. (Vgl. Lk 24,13–49; Joh 20,19–29) Wenn nun Johannes am Herrentag im Geist entrückt wird, dann ist er im Geist dabei, wenn die Gemeinden auf dem Festland Gottesdienst feiern.

Im Geist begegnet er wie sie dem Auferstandenen, der sie im Glauben miteinander verbindet und zu ihnen spricht.

Und so hört Johannes eine Stimme, ohne diese zu sehen. Der Vision – der Schau geht die Audition – das Hören voraus. Auch in diesem Erleben steht er ganz in der jüdischen Glaubenstradition. Der Glaube, d. h. das Vertrauen kommt vom Hören. So betet jeder fromme Jude drei Mal am Tag das *Shma Israel* – das „Höre Israel" (vgl. Dtn 6,5). Damit vergewissert sich der Beter, dass Gott zu ihm sprechen will und es dazu die Offenheit des Hörens braucht. Gott begegnet man zunächst in seinem Wort. Das erlebt auch Johannes. Dass es sich bei der Stimme hinter ihm um Gottes Anruf handelt, davon ist er überzeugt. Denn sie ist laut, wie eine Posaune.

Ähnliches erfuhr einst das Volk Israel, als auf dem Sinai Blitz und Donner Gottes Gegenwart ankündigten. (Vgl. Ex 19,16) Damit ist auch dem schriftkundigen Leser klar: Es geht um die Welt Gottes und sein Wort für uns!

Im Geist hört nun Johannes, wie diese Stimme ihn beauftragt: „Schreibe auf, was du siehst, und sende es an die Gemeinden!" Johannes handelt also nicht aus eigener Vollmacht, sondern er wird von Gott legitimiert, das, was er als Prophet (vgl. Apk 1,3; 22,8) sieht, aufzuschreiben und zu versenden.

Adressaten der Visionen sind sieben Gemeinden in Kleinasien, die alle an einer wichtigen Verbindungsstraße lagen. Vielleicht wurden deswegen andere bedeutende Städte wie Milet, Hierapolis oder Kolossai nicht genannt. Wir wissen es nicht. Wichtiger erscheint mir, dass das Rundschreiben an die „Ekklesias" – das heißt wortwörtlich übersetzt: „An die Herausgerufenen!" –, gesandt wird. Empfänger seiner Einsichten sind also die Herausgerufenen, die Aufgeweckten, die sich, wie Johannes, auf die Wirklichkeit Gottes einlassen wollen.

Nun will Johannes sehen, wer da hinter ihm spricht, und wendet sich um. Diese Bewegung erinnert an den Umkehrruf Jesu am Anfang seines öffentlichen Auftretens: „Kehrt um und glaubt an das Evangelium." (Mk 1,15) Johannes wendet sich also von all dem, was vordergründig unsere Blicke gefangen halten kann, ab und sucht hinter sich das Tiefgründige. So sieht er zunächst sieben goldene Leuchter, die die sieben Gemeinden repräsentieren. Für sie trifft das Wort Jesu in der Bergpredigt zu: „Ihr seid das Licht der Welt." (Mt 5,14) Und im Leben dieser Gemeinden ist der Auferstandene gegenwärtig. Auch das sieht Johannes, wenn er zwischen den Leuchtern einen „Menschensohn-gleichen" erblickt.

Auch dieses Bild, dieser Anblick ist ihm vertraut aus seiner Bibel. Es ist eine „erlesene Einsicht". Johannes greift dabei auf eine Vision des Propheten Daniel zurück (vgl. Dan 7). In einer nächtlichen Schau sieht dieser zunächst vier furchtbare, abartige Tiere, bestialische Monster, die das Leben der Menschen bedrohen. Dann sieht er einen wie ein Menschensohn. Inmitten der Grausamkeiten erblickt er einen Menschen. Inmitten der furchterregenden Bedrängnis gibt es einen, der menschlich ist. Dieser wird zu einem Hochbetagten, zu Gott entrückt. Daniel stellt sich mit dieser Vision den Problemen seiner Zeit. Die vier Tiere repräsentieren die vier Weltreiche, unter denen das Volk Israel viel zu leiden hatte. Die Vision vom Menschensohn kündigt deren Untergang an, den Beginn der Endzeit und die Auferstehung der Menschlichkeit. Experten gehen davon aus, dass dieses Buch erst während der Konflikte der Makkabäer mit dem Seleukiden Antiochos IV. in den Jahren 167–164 v. Chr. entstanden ist.

In Analogie sieht nun auch Johannes einen, der einem Menschensohn gleicht. (Vgl. Dan 7,13, Apk 1,13) Da nach jüdischem Glauben die direkte Schau Gottes dem Menschen den sofortigen Tod bringen würde, bleibt Johannes sehr vorsichtig. Er ist sich bewusst, dass der, der ihm in menschlicher Gestalt begegnet, Gottes Sohn ist. Und nun lüftet sich das Geheimnis, der eigenartigen Attribute, die Johannes aufführt. Er orientiert sich zum größten Teil an folgender Schilderung des Propheten Daniel:

„Als ich nun meine Augen erhob, sah ich einen Mann; er war in Leinen gekleidet und trug um die Hüften einen Gürtel aus reinstem Gold. Sein Körper leuchtete wie Edelstein, sein Angesicht wie ein Blitzstrahl und seine Augen wie feurige Fackeln; seine Arme und Füße funkelten wie polierte Bronze. Der Klang seiner Rede war wie das Tosen einer Volksmenge. Aber nur ich, Daniel, sah die Erscheinung; meine Begleiter hingegen sahen die Erscheinung nicht; doch überkam sie ein so gewaltiger Schrecken, dass sie sich in ein Versteck flüchteten. So blieb ich allein zurück und sah die gewaltige Erscheinung. Da verließen mich die Kräfte; mein Aussehen entstellte sich furchtbar, und ich vermochte mich nicht mehr aufrecht zu halten. Nun vernahm ich den Klang seiner Rede; als ich ihn aber reden hörte, fiel ich betäubt auf mein Angesicht und blieb auf dem Boden liegen. Doch eine Hand rüttelte mich und half mir auf meine Knie und Hände. Dann sprach er zu mir: Daniel, (von Gott) geliebter Mann, achte auf die Worte, die ich zu dir spreche, und stell dich aufrecht; denn zu dir bin ich nun gesandt. Als er so zu mir sprach, richtete ich mich zitternd auf. Da sagte er zu mir: Fürchte dich nicht, Daniel." (Dan 10,5–12)

Im Geist sieht Johannes das, was er bei Daniel gelesen hat, und überträgt es auf seine Situation. Wie damals die Seleukidenherrschaft keine Zukunft hatte, so hat nun auch das Römische Reich keine Zukunft. Denn allein Gott der Herr hat die Macht in Händen. Das unterstreicht Johannes, indem er sieben Sterne in der Hand des „Menschensohn-gleichen" beschreibt. Sie können für die sieben Planeten stehen und auf die Weltherrschaft deuten. Sterne wurden immer schon als Mächte betrachtet, die das Schicksal des Menschen bestimmen. Dieses Schicksal liegt vollkommen in der Hand des Auferstandenen.

Vielleicht übt Johannes auch Kritik am Kaiserkult Domitians. Dieser ließ nach dem frühen Tod eines Sohnes Münzen mit dessen Bildnis prägen. Auf ihnen ist ein kleines Kind zu sehen, das auf dem Erdball sitzt. Sieben Sterne umgeben dieses Kleinkind, das Kaiser Domitian in seinem Reich als Gott verehren ließ. Es ist nicht erwiesen, ob Johannes wirklich darauf anspielt, aber die Parallelität ist erstaunlich. Für den Seher auf Patmos ist klar: Allein Jesus von Nazareth ist Gottes Sohn. Er hält das Schicksal von uns Menschen in Händen. Sein Wort, worauf das zweischneidige Schwert aus dem Mund des Menschensohnes hinweist, ist ent-scheidend. (Vgl. Jes 11,4; 49,2) Er scheidet, d. h. er richtet über Leben und Tod.

So versteht Johannes auf der Grundlage der ihm bekannten biblischen Bilder, dass der „Menschensohn-gleiche" zur göttlichen Sphäre gehört. Diesen wunderbaren Anblick kann niemand aushalten, auch nicht Johannes. So wie Daniel fällt auch er wie tot zu Boden. Wir könnten auch sagen: Er erschrickt zu Tode.

Doch der Tod ist nicht das Ende. Daher erlebt Johannes Ostern, sein persönliches Ostern. Wie Maria von Magdala, wie Petrus und die Apostel oder wie später Paulus, begegnet er dem Auferstandenen. Dieser berührt ihn mit der rechten Hand, in der Johannes zuvor die sieben Sterne gesehen hatte. Gottes Macht zeigt sich in seiner Fürsorge. Das Schicksal von uns Menschen, jedes einzelne ist bei ihm geborgen. Durch die

Auferstehung seines Sohnes richtet er den Menschen auf und befreit ihn vom Tod. Das erlebt Johannes am eigenen Leib.

Diese Botschaft ist entscheidend, gerade auch, wenn Menschen in der Apokalypse auf grausame Weise umkommen. Johannes erlebt etwas anderes: Durch die Handauflegung des Auferstandenen, die auch als Segensgestus gedeutet werden kann, wird Leben geweckt. Er befreit von Angst, Niedergedrücktheit und Bedrängnis. Der Auferstandene ist der Erlöser, der Retter, der göttliche Arzt, der Heiland. All das unterstreicht die Zusage: „Fürchte dich nicht!" Wie Daniel wird auch Johannes zugesprochen, dass der Mensch, wenn er sich Gott zuwendet, nichts zu fürchten hat, weder im Leben noch im Tod. Daher kann der „Menschensohn-gleiche" über sich selbst sagen, was der Gott Israels über sich aussagt: „Ich bin der Erste und der Letzte" (vgl. Jes 44,6; 48,12), ich bin der Allumfassende! Er steht am Anfang und am Ende der Geschichte. Dieser Selbstaussage Gottes wird in der Apokalypse noch hinzugefügt: „Und der Lebendige!" Von Anfang an ist Gott das Leben und bleibt auch der Lebendige im Tod. Der Auferstandene sagt Johannes zu: Vor dir Leben. Auch nach dir Leben. Für dich und mit dir bin ich der Lebendige, der alle, die tot daliegen, mit neuem Leben erfüllt. Auf diese Selbstaussage, die an die sieben „Ich-bin-Worte" des Johannesevangeliums erinnert, folgt das entscheidende christliche Glaubensbekenntnis: „Ich war tot, doch siehe, ich lebe!" Das kann auch Johannes nach dieser Vision, nach diesem tiefen geistlichen Erlebnis von sich selbst sagen: „Ich war tot, doch siehe, ich lebe!" Der Gekreuzigte ist der Auferstandene. Das erfährt Johannes am eigenen Leib, sodass er wie Paulus feststellen könnte: „… nicht mehr ich lebe, sondern Christus lebt in mir." (Gal 2,20)

Folgerichtig hört Johannes vom Auferstandenen, dass er die Schlüssel des Todes und der Unterwelt hat. Beide sind entmachtet und beide haben einen Herrn: Jesus Christus. *Er ist die Schlüsselgestalt mit Schlüsselgewalt.*

Interessanterweise wird neben dem Tod von der Unterwelt gesprochen. Die Unterwelt, der Hades, ist nicht nur Ort der Toten, sondern bezeichnet auch die dämonischen Kräfte und Mächte, die dort herrschen und die immer wieder auch in das Leben von uns Menschen einbrechen können. Diese Sicht hat auch psychotherapeutische Relevanz. Wie oft erleben wir zerstörerische, dämonische Mächte, die wie Schatten aus dem Unbewussten und unserer Geschichte aufsteigen und unser Leben bedrängen. In der Kunst wurde daher der griechische Gott Hades mit Schlüsseln in Händen dargestellt. Er hat die Macht, die dämonischen Kräfte aus der Unterwelt herauszulassen. Wenn nun der Auferstandene die Schlüssel in Händen hält, dann heißt das: Es fand eine Schlüsselübergabe statt. Der Auferstandene hält alle Macht über die Unterwelt in seinen Händen. Niemand ist mehr in der Unterwelt, in dämonischen Mächten und im Tod gefangen. Mit der Auferstehung haben der Tod und die Unterwelt ihre Macht verloren. Wir könnten auch sagen, der Auferstandene wird zum Fluchthelfer aus aller Gefangenschaft in dämonischen Mächten.

Das ist es, was Johannes hört, sieht und erlebt und weitergeben soll an die sieben Gemeinden, an alle Herausgerufenen. Dazu wird er nochmals beauftragt, alles aufzuschreiben, weil das, was er gesehen hat, nicht nur Bedeutung hat für ihn, sondern auch für die zukünftigen Gemeinden. Der zweite Schreibbefehl, den Johannes erhält, unterstreicht, dass Gottes Wort nicht nur über das gesprochene Wort Bedeutung bekommt, sondern über das geschriebene Wort. Wer schreibt, der bleibt.

All das wird beschlossen mit einer erneuten Erklärung: Wie der Auferstandene gegenwärtig ist unter den Gemeinden, wenn Johannes ihn zu Beginn seiner Vision zwischen den sieben Leuchtern stehen sieht, so sind diese bei ihm durch ihre Engel vertreten. Auch hier greift Johannes auf eine Vision des Propheten Daniel zurück, dass jedes Volk seinen Engel bei Gott habe. (Vgl. Dan 10,20–21) Wir könnten auch von den Schutzengeln, bzw. den Patronen der Gemeinden sprechen, wie heute noch Kirchengemeinden dem Patronat eines Heiligen anempfohlen werden. Wie der Botschafter eines Landes vertritt der jeweilige Engel seine Gemeinde bei Gott und diese ist durch ihn in Gottes Macht geborgen.

„Wer Visionen hat, sollte zum Arzt gehen." – Indem sich Johannes dem Geist Gottes und dessen Wort öffnet, hört, sieht und begegnet er dem Erlöser und Heiland. So erlebt er am Sonntag sein persönliches Ostern. In dieser Dramatik der Beauftragung des Johannes ist die ganze Dramatik der Apokalypse vorweggenommen. Sie ist der Auftakt, unter dessen wesentlichen Anklängen das ganze Werk zu durch-blicken ist. Und sie ist das Ziel, wenn am Ende die österliche Perspektive von der Braut des Lammes und vom neuen Jerusalem steht.

Auferweckung statt Depression

Zwei Wochen nach meiner Geburt wurde ich spontan 1969 in der Osternacht, dem ursprünglichen Tauftermin der Kirche, getauft. Meine Eltern hatten es ursprünglich nicht so geplant. Die Idee hatte ein junger Kaplan, der vom Zweiten Vatikanischen Konzil begeistert war, das knapp vier Jahre zuvor zu Ende gegangen war. Nachdem inzwischen die neuen liturgischen Bücher eingeführt worden waren und damit auch die Empfehlung ausgesprochen wurde, die Taufe in der Osternacht neu zu beleben, besuchte der engagierte Geistliche am Vormittag des Karsamstags kurzentschlossen meine Eltern. Er habe davon gehört, dass sie vor wenigen Tagen ein drittes Kind bekommen hätten und dieses noch nicht getauft sei. Sie bräuchten sich um nichts zu kümmern, sondern sollten einfach mit den Paten vor dem Gottesdienst in die Sakristei kommen. Dann würde ihr kleiner Bub in der Osternacht getauft werden. Meine Eltern waren überrascht, ließen sich aber auf den Vorschlag ein, und so feiere ich bis heute jedes Jahr an Ostern meinen Tauftag. Für die Begeisterung des Kaplans sowie die Offenheit meiner Eltern bin ich sehr dankbar. Beide Seiten hatten nicht nach Plan, sondern spontan gehandelt und damit der österlichen Botschaft Raum gegeben.

Die Taufe ist unser je eigenes Osterfest. Ursprünglich wurde sie durch dreimaliges, vollständiges Untertauchen des Täuflings in geweihtes Wasser gespendet, wie es bis heute in den Kirchen der Orthodoxie nach wie vor Brauch ist. Getauft zu sein heißt, dass ich eintauche in das Geheimnis Jesu Christi und so die Wirklichkeit mit österlichen Augen sehen kann. So wie er in den Tod geht (untertauchen) und wieder zu neuem Leben aufersteht, d. h. nach Ostern als der Lebendige wieder „auftaucht", so wird auch unser Leben nicht mit dem Tod beendet, sondern findet durch den Tod zur Vollendung. Dieser Gedanke befreit zum Leben im Hier und Heute. Wie oft handelt dabei Gott nicht nach unseren Plänen, sondern aus unserer Wahrnehmung heraus spontan. Das Wort „spontan" leitet sich vom Lateinischen *spons* ab, was „eigener Wille, Antrieb" bedeutet. Diese Herkunft des Wortes finde ich sehr passend. So könnten wir auch sagen: Gott hat einen Plan vom Leben und diesen setzt er aus eigenem Antrieb, mit seinem Willen durch. Dabei kann er manches durchkreuzen oder, wie es Blaise Pascal (1623–1662) ins Wort bringt: „Wenn du Gott zum Lachen bringen willst, erzähle ihm von deinen Plänen!"

Sein Ziel ist die Befreiung von der Bedrängnis des Todes, wie er durch die Auferweckung seines Sohnes gezeigt hat.

Nichts anderes erlebt Johannes auf Patmos. Er wird aufgeweckt und kann seitdem die Wirklichkeit aus dem Blickwinkel Gottes sehen. Dabei ist beachtlich, dass die Auferstehung kein abgeschlossenes Tun ist, was vor ca. 50 Jahren in Jerusalem einmalig geschehen ist. Dadurch können auch wir Auferstehungsmomente heute noch erleben. Zu Recht spricht daher der tschechische Religionsphilosoph und Soziologe Tomáš Halík (*1948) von der *resurrectio continua*, der sich fortsetzenden Auferstehung.

Wissend um Gottes Gegenwart in unserem Leben und darum, dass er der Herr über Tod und Leben ist, relativieren sich alle anderen Mächte, die niederdrücken, Angst machen oder gar gefangen halten. Dieser Glaube hatte für Johannes und die Christen seiner Zeit eine immens befreiende Wirkung, und sie hat sie auch heute für uns. Ostern ist das Fest der Befreiung, das als Vorzeichen unser Leben prägen soll und sich vergegenwärtigt. Das gilt es, sich immer wieder vor Augen zu führen: Gott ist spontan, er ist gegenwärtig und will unser Leben!

Diese befreiende Spiritualität prägt ebenso die Regel Benedikts, die Ostern als einziges Fest erwähnt. So richtet der Mönchsvater den Wochenrhythmus am Sonntag aus, den Jahresablauf am Osterfest. Ostern ist so der Dreh- und Angelpunkt unseres Lebens. Wenn die Mönche zur Vigil am Sonntag etwas früher aufstehen sollen als an den Werktagen (vgl. RB 11,1), dann ist das das Einüben einer österlichen Haltung. Wie die drei Frauen in der Frühe des Ostersonntags zum

Grab des Herrn kommen und im leeren Grab überraschend vom Engel die Osterbotschaft vernehmen (vgl. Mk 16,2), so sollen auch wir Mönche eine Haltung einüben, die unverhofft und spontan mit der Botschaft von Ostern rechnet. Manche Grabes-Leere kann so mit neuem Leben erfüllt werden! „Wer die Stunde kennt, stellt den Wecker, wer sie nicht kennt, bleibt wach!", so stand es einmal auf einem Kalenderblatt.

Es ist diese Wachsamkeit, die Johannes fordert, der selbst auf Patmos überraschend erlebt, wie er eingetaucht wird in das Lebensgeheimnis des Auferstandenen.

In unserer Regel schreibt Benedikt: „Der Mönch soll zwar immer ein Leben führen wie in der Fastenzeit. Dazu aber haben nur wenige die Kraft." (RB 49,1–2) Auch wenn es uns einiges abverlangt, sollten wir also eine Lebensform einüben, die wach mit Ostern rechnet und auf Ostern zugeht. Gott ist spontan und die Auferstehung ereignet sich kontinuierlich neu. Daher empfiehlt Benedikt seinen Mönchen: „Mit geistlicher Sehnsucht und Freude erwarte er (= der Mönch) das heilige Osterfest." (RB 49,7) Mit Sehnsucht und Freude auf die Begegnung mit dem Auferstandenen warten, das ist die zentrale Lebensform der Mönche. Das muss nicht erst mit dem Tod geschehen, wie wir gesehen haben, und so wird auch verständlich, dass Benedikt seinen Mönchen empfiehlt, immer ein Leben wie in der Fastenzeit zu führen. Er soll sehnsüchtig und freudig die Begegnung mit dem Auferstandenen erwarten. Da für Benedikt aber Christus immer und überall gegenwärtig ist, sind seiner Spontaneität keine Grenzen gesetzt. (Vgl. RB 19,1)

Wir erleben in unserem Land gerade eine Zeit des Umbruchs und des kirchlichen Niedergangs. In vielen Gemeinden und Gemeinschaften macht sich eine depressive Stimmung breit: Wie soll es weitergehen? Haben wir Zukunft oder war alles Engagement der Vergangenheit umsonst? Auch wenn die äußeren Umstände andere sind, ähnelt die Stimmung der in den Gemeinden des Johannes. Bei all den Sorgen um die Zukunft unserer Gemeinden und unserer Kirche hilft mir der Gedanke, dass wir Ostern nicht aus dem Blick verlieren dürfen. Zwar erleben wir momentan eher eine Fastenzeit, aber die ganzen Umbrüche und Veränderungen haben ein Ziel. Für uns als Christen geht das Leben auf Ostern zu und die Auferstehung ereignet sich immer wieder neu. In der Sammlung der überlieferten Texte der Wüstenväter aus dem 4.–5. Jahrhundert habe ich einmal gelesen: Der Mönch ist einer, der jeden Tag aufsteht! Das können wir übertragen: Der Christ ist einer, der immer wieder aufsteht, weil er an den glaubt, der auferstanden ist. Wir sollten darauf vertrauen, dass Gott auch in unserer Zeit spontan handelt. Für ihn ist nichts unmöglich, er kann auch in unseren Zeiten sprichwörtlich auf krummen Zeilen gerade schreiben. Mit der Taufe sind wir eingetaucht in diesen Glauben. Somit ist Ostern einerseits der Ausgangspunkt, andererseits das Ziel unseres Lebens. Genau diesen Rahmen setzt auch die Apokalypse, wenn Johannes am Anfang Ostern erlebt und am Ende das neue Jerusalem sehen darf. Damit wird klar: Gott hat sein „Ja" zum Leben an Ostern ein für alle Mal gesprochen. Er will das Leben des Menschen und dessen Vollendung. Das ist die befreiende Botschaft in allen Umbrüchen, Krisen und Katastrophen. Mir hilft in diesem Zusammenhang ein Wort des bedeutenden Schweizer evangelisch-reformierten Theologen Karl Barth (1886–1968). Am Vorabend seines Todes am 10. Dezember 1968 sagte er: „Ja, die Welt ist dunkel .... Nur ja die Ohren nicht hängen lassen! Nie! Denn es wird regiert, nicht nur in Moskau oder in Washington oder in Peking, sondern es wird regiert, und zwar hier auf Erden, aber ganz von oben, vom Himmel her!

Gott sitzt im Regimente! Darum fürchte ich mich nicht ... Gott lässt uns nicht fallen, keinen einzigen von uns ...! – Es wird regiert!"

Die apokalyptischen Reiter

Nie hätte ich gedacht, dass ich in meinem Leben einmal so viele Pferde segnen werde. In Oberbayern genießt der heilige Leonhard als Viehpatron große Verehrung. An seinem Festtag, dem 6. November, werden daher festlich geschmückte Rösser, die früher für die Land- und Forstwirtschaft wichtige Dienste leisteten, gesegnet. Da der heilige Leonhard der Überlieferung nach ein Abt war, werden zur Segnung gerne Äbte als Ehrengäste eingeladen. So auch ich.

Ich muss schon sagen, es sind imposante Tiere, die die Gespanne ziehen oder auf deren Rücken die Reiter selbstbewusst sitzen. Mir wird dann immer wieder deutlich, was die Redewendung „Hoch zu Ross ..." zum Ausdruck bringt.

Manchmal kommt es vor, dass das ein oder andere Tier unruhig wird oder nervös ist. Dann wird einem schnell bewusst, dass Pferde kräftige und machtvolle Tiere sind. In solchen Momenten habe ich bisweilen, ehrlich gesagt, auch Angst vor ihnen und davor, dass sie durchgehen und Reiter wie Zuschauer zu Schaden kommen könnten. Das hat seinen Grund: Bei einer Wanderung wollte ich einmal eine Abkürzung über eine Pferdekoppel nehmen. Zunächst ging alles gut. Dann entdeckten mich aber die Tiere und sahen wohl in mir einen feindlichen Eindringling. Als die gesamte Herde plötzlich auf mich zu galoppierte, wurde mir angst und bange. Gott sei Dank konnte ich schnell genug wieder über den Zaun klettern, sodass die erregten Tiere mir nichts anhaben konnten. Seitdem aber habe ich großen Respekt vor Pferden und verstehe noch besser, dass das Reiten immer auch eine gefährliche Kunst ist. Umso imposanter finde ich es, wenn ein Reiter in schnellem Galopp souverän auf dem Rücken eines Pferdes sitzt. Aber unter die Hufe möchte ich nicht geraten ... all das schwingt in mir mit, wenn wir in folgender Szene vier Reitern begegnen.

Und ich sah: Als das Lamm das erste der sieben Siegel öffnete, hörte ich eines der vier Lebewesen wie mit Donnerstimme rufen: Komm! Da sah ich: Ein weißes Pferd, und er, der auf ihm saß, hatte einen Bogen, und es wurde ihm ein Kranz gereicht und als Sieger zog er aus, um zu siegen. Als es das zweite Siegel öffnete, hörte ich das zweite Lebewesen rufen: Komm! Da zog ein anderes Pferd aus, ein feuerrotes; und ihm, der auf ihm saß, wurde gegeben, den Frieden von der Erde zu nehmen, damit sie sich gegenseitig hinschlachteten. Und es wurde ihm ein großes Schwert gegeben. Als es das dritte Siegel öffnete, hörte ich das dritte Lebewesen rufen: Komm! Da sah ich: Ein schwarzes Pferd; und er, der auf ihm saß, hielt in seiner Hand eine Waage. Und ich hörte inmitten der vier Lebewesen etwas wie eine Stimme sagen: Ein Maß Weizen für einen Denar und drei Maß Gerste für einen Denar; aber das Öl und den Wein sollst du nicht schädigen! Als es das vierte Siegel öffnete, hörte ich die Stimme des vierten Lebewesens rufen: Komm! Da sah ich: Ein fahles Pferd; und er, der auf ihm saß, hieß der Tod; und das Totenreich war sein Gefolge. Und es wurde ihnen Macht gegeben über den vierten Teil der Erde, zu töten durch Schwert, Hunger und Pest und durch die Tiere der Erde.

Apk 6,1–8

Mit der Öffnung der sieben Siegel beginnt in der Apokalypse die erste große Siebenerreihe von Visionen, die ineinander verwoben sind. Mit ihnen kommen furchtbare Katastrophen über die Menschheit und die Welt. Vernichtung und Tod sind die Folgen. Daher erscheint mir die Betrachtung der vier Reiter so wichtig, stehen sie doch für die Schrecken des gesamten Werkes. Daher stellte ich mir die Frage: Was will Johannes mit seinen beängstigenden Katastrophenszenarien erreichen? Schauen wir uns die Szene in ihrem Zusammenhang an: Das Lamm, das Johannes sieht und Jesus Christus symbolisiert, wurde zuvor von Gott im himmlischen Thronsaal ermächtigt, ein rätselhaftes Buch mit sieben Siegeln zu öffnen. Wir werden diese Szene später im Kapitel Vision 5 betrachten. Nirgends ist vom Inhalt des Buches die Rede. Mit der Öffnung der Siegel wird der Plan Gottes sichtbar, den er mit seiner Welt und der Menschheit hat. Dazu wurde das Lamm, sein Sohn Jesus Christus, bevollmächtigt, wenn es nun nach und nach die ersten vier Siegel öffnet.

Die furchtbaren Qualen, die die vier Reiter versinnbildlichen, entsprechen in Inhalt und Folge einer Plagenreihe, wie sie im Markusevangelium Jesus als Vorboten seiner Wiederkunft ankündigt. Mit ihnen wird der Leser zur Wachsamkeit aufgerufen. (Vgl. Mk 13,7–13) Entweder kannte Johannes diese Stelle oder er verwendete dieselbe Vorlage wie das Markusevangelium. Jedenfalls können wir darin eine Art Blaupause entdecken, an der sich die Apokalypse immer wieder orientiert. Wichtig ist, dass dabei betont wird: Diese Schrecken sind nicht das Ende der Welt. Vielmehr sind sie Weckrufe: Seid wachsam! (Vgl. Mk 13,33)

Dabei wird das Siebenerschema zunächst durch ein Viererschema von vier Reitern durchbrochen. Vier ist in der jüdischen Tradition die Zahl der Welt. Es dreht sich also um ihr

Schicksal. Und wiederum geht auch bei dieser Vision das Hören dem Sehen voraus. Von vier eigenartigen Lebewesen, die Gottes Thron umgeben, hört Johannes und mit ihm auch wir den Ruf: „Komm!" In ihren Schutz sollen wir uns begeben. Aus ihrem Blickwinkel heraus, also von oben, aus der Sicht des Himmels gilt es, diese Vision zu betrachten. Zugleich unterstreicht dieses majestätische „Komm!", dass hier Gott selbst am Werk ist, wenn auch nun, wie einst auf dem Sinai vor Mose und dem Volk, eine donnernde Stimme erschallt (vgl. Ex 19,19).

Genauso verweist die wiederkehrende Formel im Passiv: „Ihm wurde gegeben!" auf eine göttliche Initiative. Bei aller Aktivität, die die Reiter selbst an den Tag legen, folgen sie einem größeren Plan. Ihre Macht wurde ihnen von Gott gegeben. Die Botschaft an die Christen lautet: In allen Schrecken habt keine Angst, Gott führt im Hintergrund Regie. Am Ende siegt sein Wille, auch wenn bisweilen andere Kräfte in Gang sind und Gott abwesend zu sein scheint. Es wird regiert!

Die Vierzahl der Reiter hilft dem schriftkundigen Leser, unter welcher „erlesenen Einsicht" des Alten Testaments Johannes das alles sieht und deutet. So erzählt der Prophet Sacharja in seinen Nachtgesichten von einem Reiter (vgl. Sach 1,7–17), bzw. von vier Gespannen (vgl. Sach 6,1–8), mit jeweils roten, schwarzen, weißen und geschecktem Pferden. Sie werden als die vier Winde gedeutet, die auf Gottes Geheiß die Erde durchziehen.

Diese Schau inspirierte anscheinend Johannes. In streng parallelem Ablauf sehen wir mit ihm vier Reiter, eine kleine Kavallerie, die die Erde mit Schrecken überzieht. Zunächst erschallt jeweils der Kommandoruf eines der vier eigenartigen Wesen: „Komm!" Dieser setzt jeweils ein Pferd mit Reiter in Bewegung, der vom Himmel auf die Erde gesandt wird.

Weiß, rot, schwarz und fahl (gr. *chloros* meint „gelblich grün, leichenblass") sind die Farben der Pferde.

Dabei nimmt der erste Reiter auf dem weißen Pferd mit seinem Bogen und Siegeskranz eine besondere Stellung ein, weil er im Unterschied zu den folgenden drei gar nicht so schrecklich aussieht. Was hat es mit dieser weißen, fast lichtvollen Gestalt auf sich?

Manche Bibelwissenschaftler gehen davon aus, dass er Jesus Christus, seine siegreiche Wiederkunft, bzw. die erfolgreiche Durchsetzung des Evangeliums symbolisiere. Doch diese Deutung ist sperrig, da der Reiter dann in Spannung mit dem Lamm stehen würde, das ja seinerseits Jesus Christus darstellt. Wie kann Jesus das erste Siegel öffnen und dann zugleich auf dem Pferd sitzen, um den Reigen der vier Reiter zu eröffnen? Mit dieser positiven Deutung würde der erste Reiter außerdem im Gegensatz zu den drei Weiteren stehen, die ja ausdrücklich Schrecken und Tod auf die Erde bringen. Der strenge, formale Parallelismus würde dadurch empfindlich durchbrochen.

Andere Exegeten sehen im ersten Reiter den Antichristen, der als Christus getarnt auf die Erde kommt, um die Menschheit in die Irre zu führen. Aber auch hierfür finden sich keine Hinweise, zumal der Bogen auf das Kriegsgeschäft und der Kranz auf den Sieg verweisen.

Daher erscheint mir folgende Deutung überzeugender: Der erste Reiter auf dem weißen Pferd symbolisiert einen siegreichen Krieger, einen Triumphator, der ohne Rücksicht auf Verluste den Kriegsbogen schwingt. Er verkörpert Aggression und Eroberung. Folgerichtig ist von den Verlierern und Opfern nicht die Rede. Vielleicht ist in ihm auch ein zeitgenössischer Hinweis auf die Nachbarn Kleinasiens zu finden. Die Parther, die im Osten an das Römische Reich grenzten, galten als kriegerisches Reitervolk. Immer wieder gelangen ihnen Einfälle. Auf dem Weg nach Rom wäre die nahe gelegene und wohlhabende Provinz Kleinasien sicherlich von ihnen geplündert worden. Sie stellten also eine permanente militärische Bedrohung für die Römer dar. Auch diese Interpretation erscheint plausibel und würde im ersten Reiter einen drohenden, heraufziehenden Krieg sehen, der Vernichtung und Elend nach sich zieht.

Ähnliches veranschaulicht der zweite Reiter mit seinem Schwert, der auf einem blutroten Pferd daherkommt. Er steht nicht für das kriegerische Geschäft von außen, sondern für die blutigen Kämpfe und Wirren von innen, an denen ein Staat im Bürgerkrieg und Bruderzwist auseinanderbricht und leidvoll untergeht. Für die Zeit der Apokalypse würde das konkret das jähe und blutige Ende der viel gerühmten *Pax Romana* bedeuten.

Der schwarze Reiter, der die Waage in Händen hält und als dritter dahergaloppiert, bringt Knappheit und Hungersnot. Ein Denar war in etwa der Tageslohn eines ungelernten Arbeiters. (Vgl. Mt 20,2) Der Ausruf aus dem Hintergrund kündigt eine gewaltige Teuerung der Grundnahrungsmittel an, dass ein Brot in etwa das 8- bis 16-Fache des Normalpreises kostet. Getreide wurde damals aus dem heutigen Südrussland nach Kleinasien importiert. Das bedeutet, wenn es Krieg, Bürgerkrieg oder innere Unruhen gibt, werden die Handelswege durchbrochen und es kommt zur Verknappung der Grundnahrungsmittel. Mit dem schwarzen Reiter überzieht eine schwere Wirtschaftskrise die Erde. Armut und Verelendung breiter Bevölkerungsschichten werden seine leidvollen Folgen sein. Vielleicht ist auch so der Hinweis zu verstehen, dass Wein und Öl von der Teuerung verschont bleiben. Als Luxusartikel sind sie sowieso schon teuer genug und für die

Armen ohnehin schon nicht bezahlbar. Denkbar wäre auch, dass all dies eine Anspielung auf ein Edikt von Kaiser Domitian ist, der aufgrund der Weinüberproduktion in Kleinasien Weinberge vernichten ließ. Aber letztlich wissen wir es nicht.

Mit dem vierten Reiter, dem letzten in der Reihe, kommt der Schrecken des Todes in seiner brutalen Vielfalt; nichts anderes bringt die fahle Farbe des Pferdes, seine gelblich grüne Totenbleiche zum Ausdruck. Im Schlepptau hat dieser Todesreiter die Unterwelt mit ihren dämonischen Kräften, die sich der Menschen bemächtigen. Schwert und Hunger als Todesursache verweisen abermals auf die vorhergehenden Reiter. Pest und Seuchen sowie wilde Tiere, die über die Leichen der Katastrophe herfallen, sind Gefolge dieses Todesboten.

Dabei ist die Eingrenzung auf ein Viertel der Erde interessant. Nicht alles wird durch Krieg, Bürgerkrieg, Misswirtschaft und Seuchen zugrunde gehen. 75 % werden verschont bleiben. Sie haben die Chance, nach den Ursachen der Plagen zu fragen und ihr Leben zu ändern, ganz gemäß der Vorlage im Markusevangelium: Seid wachsam, deutet die Zeichen der Zeit und zieht daraus die richtigen Konsequenzen. (Vgl. Mk 13,33)

Die vier Reiter mit Aggression, Bürgerkrieg, Hunger, Seuchen und Tod scheinen die Weltgeschichte zu bestimmen. Immer wieder suchen sie die Erde heim und die Menschen sind ihnen schutzlos ausgeliefert.

Dabei ist nicht zu vergessen: Diese Geißeln der Menschheit werden von Menschen in Gang gesetzt. Sie haben das unsägliche Leid zu verantworten. Indem aber der Ausritt der vier Reiter von Gott geduldet wird, unterstreicht Johannes, dass für ihn in der Widersprüchlichkeit und in den Katastrophen der Weltgeschichte im Hintergrund immer noch Gott Regie führt. Nach seinem bisweilen unverständlichen Plan verfolgt er letztlich ein Ziel, auf das er hinführt und das es als gläubiger Christ in den Blick zu nehmen gilt. Gott folgt keinem vorgefertigten Schema! Dabei wird deutlich: Menschliches Leben ist und bleibt begrenzt und Gott führt auf seine Weise die Geschicke der Welt, auch wenn dies häufig für uns unvorstellbar scheint.

Mit den vier apokalyptischen Reitern werden von Johannes leidvolle Grunderfahrungen der Menschheit ins Bild gesetzt, die zum Vorzeichen für das kommende Gericht werden. Dieser Gedanke ist und bleibt umso schwieriger, wenn wir bedenken, dass die Opfer zumeist die sogenannten „Kleinen" sind, die auf Kosten der „Großen" und ihrer Machtgelüste furchtbaren Widerfahrnissen bis zum Tod ausgeliefert sind. Müsste Gott nicht gerade für sie Partei ergreifen, wie er es durch die Propheten des Alten Bundes und durch Jesus von Nazareth permanent tut? Diese Frage beantwortet Johannes nicht und gerade das macht für mich sein Bild von den vier Reitern so schwierig.

Johannes verfolgt mit ihnen ein anderes Ziel: Seine brutalen Gesichte von der apokalyptischen Kavallerie sollen uns aus dem Schlaf der Sicherheit aufrütteln. Denkt daran, auch ihr müsst eurer Verantwortung gerecht werden – auch auf euch kommt immer wieder das Gericht zu. Was geht von euch aus, welche verderblichen Gedanken reitet ihr, bzw. reiten euch?

Drehen wir den Gedanken zum Abschluss einmal um, wenn wir an den Wohlstand der Provinz Kleinasien bzw. an unseren eigenen Wohlstand denken. Mit seinen kraftvollen und brutalen Bildern der apokalyptischen Reiter ruft uns Johannes zu: Auch wenn militärische Macht, eine stabile staatliche Ordnung, Wirtschaftskraft und Wohlstand euch Sicherheit geben, lasst euch von ihnen nicht täuschen. Sie haben ihren Preis, der oft auf Ungerechtigkeit fußt, und diese wird euch einholen. Auch wenn ihr derzeit hoch zu Ross und fest im Sattel sitzt und die Geschicke der Erde zu bestimmen scheint: Hochmut kommt vor dem Fall. Oder, um einen Vergleich der damaligen Zeit heranzuziehen: Es nützt Kaiser Domitian überhaupt nichts, wenn er auf dem *Forum Romanum* von sich ein kolossales Reiterstandbild aufstellen lässt, um damit seine gewaltige Macht und seine Erfolgsgeschichte zu zementieren, wie es seinerzeit der Fall war. Seine Macht ist wie jede Macht beschränkt; so die Offenbarung des Sehers auf Patmos.

Wachsamkeit statt Verängstigung

Zu Beginn der Coronapandemie sagte ich in einem Interview, dass ich in dem Virus keine Strafe Gottes sehen würde. Diese Aussage entfachte eine breite Diskussion. Ein aufgebrachter Leser forderte mich auf, ich solle doch an die apokalyptischen Reiter glauben. Es wäre doch ganz klar: Die vielen Kriege und Bürgerkriege weltweit, die Flüchtlingsbewegungen und die schweren Wirtschaftskrisen vor einigen Jahren und nun die verheerende globale Seuche wären doch Beweise genug. Gott will uns bestrafen, weil gerade im Westen so viele nicht mehr an ihn glauben. Schließlich lehrt Not beten! So sähe die Pädagogik Gottes aus.

Ich war einigermaßen erstaunt und las diese Passage noch einmal. Aber von Bestrafung ist in dem Abschnitt, den wir eben betrachtet haben, nicht die Rede. Kein Wörtchen von Vergeltung und Wiedergutmachung ist zu finden. Vielmehr heißt es: „Es wurde ihnen gegeben!" Gott lässt es zu. Er lässt uns Menschen gewähren, und somit tragen wir letztlich die Verantwortung für unser Tun. Und dennoch: Die vier Reiter enthüllen uns, dass es so, wie wir uns verhalten, nicht weitergehen kann.

Hilfreich ist dabei, in die erwähnte Vorlage des Markusevangeliums zu schauen. Dort heißt es fast lapidar: „Das ist noch nicht das Ende." (Mk 13,7) Jesus will vielmehr, dass wir die Zeichen der Zeit erkennen, so wie die ersten Knospen im März den Frühling ankündigen oder schwarze Wolken im Westen uns warnen, dass ein Gewitter nahen könnte. Im Sinn der Apokalypse müssen wir uns fragen: Was haben uns diese Umbrüche, die vielen Krisen und Katastrophen unserer Zeit zu sagen? Was wird durch sie enthüllt?

Die vier apokalyptischen Reiter fordern einen Blick auf die derzeitige Welt aus der Perspektive Gottes, der offenbarend ist und etwas aufdeckt. Es gilt, um einen bekannten Gedanken von Karl Barth aufzugreifen, mit der Bibel die Zeitung zu lesen. Daher wählt Johannes so schreckliche Bilder, wenn er an anderer Stelle seines Werks von furchtbaren Plagen spricht oder den Zusammenbruch des Kosmos, eine Art Weltuntergang schildert. All das sind provozierende, ja anstößige Aufforderungen, wach zu bleiben und die Möglichkeit zur Umkehr zu ergreifen, wie es Johannes empfiehlt. (Vgl. Apk 9,20)

Mit all dem aber berühren wir das Geheimnis der menschlichen Freiheit. Gott liebt den Menschen. Als Ausdruck seiner Liebe, so das biblische Verständnis, schafft er den Menschen als sein Abbild und er gibt ihm Freiheit. Der Mensch ist keine willenlose Marionette, die von ihrem Schöpfer abhängig ist. Er kann sich für Gott entscheiden, aber auch gegen ihn, wie es die sogenannte Sündenfallgeschichte zum Ausdruck bringt. (Vgl. Gen 3) Durch das „Sein wollen wie Gott" setzt sich der Mensch selbst an Gottes Stelle. All das lässt Gott zu oder, wie es Johannes nennt: „Ihnen wurde gegeben." Dem Menschen wird von Gott die Möglichkeit gegeben, dass er sich von diesem seinen Schöpfer abkehrt, sich gegen seinen Willen entscheidet, ja sogar sich an dessen Stelle setzt. Nichts anderes erlebt Johannes zu seiner Zeit, wenn sich Kaiser als Götter verehren lassen, und nichts anderes erleben wir heute in einer alles bestimmenden Mentalität des *„Anything goes! –* Alles ist möglich!" Und ja, vieles ist möglich. So handelt sich der Mensch die Folgen seines eigenen Handelns ein, sowohl im Positiven als auch im Negativen.

Nüchtern betrachtet ist die Corona-Pandemie eine Folge der Globalisierung, die von Menschen gemacht ist und uns nicht von Gott als Strafe geschickt wurde. Aber er lässt es zu. Ähnliches gilt für die Hochrüstung oder den Klimawandel. Wir müssen uns unserer Verantwortung stellen. Diesen Gedanken können wir noch vertiefen. So verstanden gewährt Gott dem Menschen, dass er selbst für sich das Gericht herbeiführt, oder wie wir auch sagen könnten: Noch ist Zeit zum Umkehren, Zeit, es zum Guten zu richten. Denn die Welt, so wie sie uns in ihrem deformierten Zustand begegnet, braucht das Gerichtet-werden! So betrachtet hat der Glaube an ein letztes Gericht erlösende Funktion. Er ist Ausdruck der Liebe, der Liebe Gottes, der uns von all dem erlösen kann, was wir falsch gemacht haben als Einzelne, aber auch als Gruppe, als Menschheit.

Die vier apokalyptischen Reiter enthüllen uns, was wir verlernt haben oder geflissentlich übersehen wollen: Die Folgen einer falsch verstandenen menschlichen Freiheit können furchtbar sein. Sie können in den Untergang führen ...

Für Johannes ist klar: Das Römische Reich mit seiner Erfolgsgeschichte, die über Leichen geht, wird ein Ende haben. Das offenbaren ihm die vier Reiter. Sie enthüllen, was alles auf die Menschheit zukommt, wenn sich der Mensch hoch zu Ross an die Stelle Gottes setzt. Aber dieser lässt dies, wie gesagt, zu …

Damit steht Johannes, wie wir gesehen haben, ganz in der Tradition der alttestamentlichen Propheten. Letztlich stellen diese sich und ihrem Volk beharrlich die Frage, was haben *wir* falsch gemacht (und nicht die anderen)? Warum wurde der Tempel zerstört und warum wurden *wir* ins Exil verschleppt? Wo müssen *wir* einen Neuanfang wagen oder *wir* diesen von Gott ersehnen?

Alttestamentliche Prophetie ist keine Triumphgeschichte, die die Großtaten des Volkes Israel rühmt, sondern unangenehme Aufforderung zur kritischen Selbstreflexion und die Bitte an Gott, einen Neuanfang zu gewähren. Nichts anderes mutet uns Johannes zu.

Diese kritische Selbstreflexion fällt uns freilich schwer, gerade wenn wir auf eine scheinbar erfolgreiche Entwicklungsgeschichte der Menschheit zurückschauen und Sicherheit und Wohlstand gewohnt sind und dies alles als Normalität begreifen. Was haben wir falsch gemacht und wo braucht es die Korrektur? Wo müssen wir umdenken mit Blick auf die Folgen des Klimawandels? Wo braucht es den Neuanfang, damit Menschen nicht mehr ihr Heimatland verlassen und fliehen müssen? Welcher Maßnahmen bedarf es, dass eine Pandemie das Leben nicht mehr lahmlegen kann? …? Und seien wir ehrlich: Am liebsten würden wir doch, wenn Corona überstanden ist, in die altgewohnte Normalität unseres bequemen Lebens zurückkehren, in dem wir uns eingerichtet haben. Ob das aber möglich ist?

Gerade die Normalität stellen die apokalyptischen Reiter infrage, da unsere Normalität letztlich an die Stelle Gottes getreten ist.

Es fällt auf, dass wir Christen, die wir in den reichen Ländern in vermeintlicher Sicherheit, Wohlstand und Frieden leben, zwar immer wieder um die Wiederkunft Christi im Gottesdienst beten, aber wenn wir ganz ehrlich mit uns sind, ersehnen diese nur die wenigsten wirklich: Wer spricht schon vom erlösenden Ende, außer wenn es um ein schweres, langes Leiden geht? An sich haben wir uns doch ganz gut in unserer Welt eingerichtet und Jesus kann sich mit seiner Rückkehr und ihrer Vollendung ruhig Zeit lassen. Ein wenig haben wir uns den Himmel auf Erden geschaffen, den wir auch genießen wollen. Das ist alles nachvollziehbar und menschlich. Es mag auch der Ehre Gottes dienen, wenn wir ihm dankbar sind für alles, was wir Gutes erfahren. Aber die Schattenseiten, die schrecklichen Folgen unseres Lebensstils für viele Menschen auf unserer Erde und die verheerenden Folgen für die Natur dürfen wir dabei nicht aus dem Blick verlieren.

Die apokalyptischen Reiter, die über unsere Erde fegen, denen wir täglich in den Medien begegnen und denen wir uns nicht mehr entziehen können, sind unbequeme Herolde. Dabei geht es ihnen nicht um das Weltende, sondern um das Ende unserer Zeit, dieses Äons, um das Ende unserer gewohnten Systeme und unserer Normalität. Klimawandel, Flüchtlingskrise, Corona-Pandemie usw. sind keine Strafen Gottes, sondern Weckrufe, die uns die Folgen unseres Handelns, der Entwicklung, die wir mit zu verantworten haben, vor Augen führen. Sie sind Ergebnis falsch ausgeübter menschlicher Freiheit.

„No volveremos a la normalidad porque la normalidad era el problema"– „Wir wollen nicht zurück zur Normalität, denn

die Normalität war das Problem." So lauteten die Proteste in Chile zum Ende des Jahres 2019, die mehr soziale und Bildungsgerechtigkeit einforderten. Solche Forderungen können nur Menschen erheben, die unter den gegebenen Umständen ihres Lebens leiden und sich Veränderungen wünschen. Letztlich lässt sich diese Parole auf die globalen Herausforderungen übertragen. Ich glaube, wir erfahren das Ende des sogenannten Anthropozän, in dem der Mensch über lange Jahre massiv und rücksichtslos in die Mitwelt eingegriffen hat und sich theologisch gesprochen an die Stelle Gottes gestellt hat. Nicht mehr Abbild Gottes wollten wir sein, sondern hoch zu Ross fest im Sattel sitzend haben wir uns selbst zu Herren des Geschehens gemacht. Doch nun schlägt anscheinend das Ökosystem zurück. Es bedarf dringend und not-wendend die Kurskorrektur. Dazu zu mahnen, wäre eigentlich christlicher Auftrag, wie es Johannes uns unangenehm vorlebt. Doch wollen wir das?

Dabei geht es wohlgemerkt nicht darum, die Welt zu retten. Auch das wäre Hochmut und Anmaßung. Das hat Gott schon getan und wird es zur Vollendung bringen, wie wir noch sehen werden. Es geht darum, uns als Christen zu fragen, was sein Wille in unserer Zeit ist und welchen Auftrag wir haben. Wie können wir als sein Abbild unserer Freiheit gerecht werden, die er uns geschenkt hat? Wo braucht es die Korrektur zum Guten, sodass wir vom hohen Ross herabsteigen?

In unserer Ordensregel gibt Benedikt dem Abt einen eigenartigen Rat: *„Miscens temporibus tempora"* – „vermischend Zeiten mit Zeiten". (Vgl. RB 2,24) Konkret bezieht er sich auf den Umgang mit den Mitbrüdern. Der Abt soll sich vom Gespür für den rechten Augenblick leiten lassen. Je nach Zeit und Umständen benötigt es Lob oder Tadel, ein ermunterndes oder zurechtweisendes Wort. Daher brauche der Abt die

Gabe der Unterscheidung, was in einer bestimmten Situation für jeden das Richtige ist und dem Heil des Bruders dient.

Letztlich geht es um das Gespür für den *Kairos*, den rechten Augenblick. Diese griechische Gottheit wird mit einem Schopf an der Stirn dargestellt, während er am Hinterkopf eine Glatze hat. Wer also den Kairos verpasst, der greift ins Leere, oder, um es positiv auszudrücken: Es gilt, die Gelegenheit beim Schopf zu packen. Wir müssen uns immer wieder überlegen, was jetzt dem Heil der Menschen dient. Dabei hilft es, die Zeiten mit den Zeiten zu mischen, oder, um es noch mal mit Karl Barth zu sagen, mit der Bibel die Zeitung zu lesen.

Ausgehend von diesem Gedanken möchte ich nochmals das Thema Strafe aufgreifen. Die Benediktsregel kennt viele davon bis hin zu Prügel und körperliche Züchtigung. All das erscheint uns heute sehr befremdlich, ja abstoßend. Hier ist die Regel ganz Kind ihrer Zeit, der ausgehenden Antike. Benedikt spricht stets davon, dass alle Strafen der Besserung dienen sollen. Das bedeutet, sie sollen zum Ziel die Abkehr vom Bösen und Schlechten und die Hinwendung zum Guten haben. Benedikt verwendet dabei stets den lateinischen Begriff *emendare*. *Mendum* bedeutet „Gebrechen, Fehler". *E-mendo* wörtlich übertragen bedeutet also „Heraus aus dem Fehler und aus dem Gebrechen", „von Fehlern befreien, verbessern"; *e-mendatus* ist dann „fehlerfrei, korrekt". Diesen Gedanken können wir mit den vier Reitern verbinden. Wie gesagt, ich glaube nicht, dass Corona eine Strafe Gottes ist – auch nicht die vier apokalyptischen Reiter. Aber der Sinn unserer Fehler und ihrer Folgen liegt darin, dass wir darüber nachdenken und erkennen, was wir falsch gemacht haben, und umkehren, weil wir uns davon befreien wollen. Wachsamkeit und Selbstreflexion sind angesagt. Denn es braucht das Verbessern, die

Korrektur, das „Heraus aus dem Fehlverhalten". Das freilich kann häufig sehr schmerzhaft sein.

Für Johannes kündigen die vier Reiter das Ende eines gottesverachtenden Systems an. Wohin diese Selbstvergöttlichung aber zunächst führen kann, zeigt uns das nächste Bild.

Vision 2

Die Hure Babylon

Es war an einem Ostersonntag. Vormittags brachte ich nach der Feier der Osternacht und dem Frühstück einem älteren Mitbruder die Krankenkommunion. Dieser lag stationär in einer Münchener Innenstadtklinik. Da ich pünktlich zum Festgottesdienst um 10 Uhr wieder zu Hause sein musste, nahm ich das Fahrrad, um schneller das Bahnhofsviertel zu durchkreuzen. Ich muss etwas unachtsam gewesen sein, denn plötzlich stand eine Frau vor mir auf der Straße, sodass ich scharf bremsen musste. Die Frau war mit Minirock und Strapse sowie einem engen, sehr figurbetonten Top gekleidet. Die Haare waren flott hochgesteckt, Augen und Lippen geschminkt, geschmackvoller Schmuck zierte Ohren, Hals und Hände – sie hatte etwas Divenhaftes an sich und rief mir sinngemäß zu: „Nicht so stürmisch, mein Lieber, ich habe Feierabend!" Ich parierte verdutzt: „Entschuldigung, das wollte ich nicht!"

Offensichtlich war sie eine Prostituierte, die aus einem einschlägigen Etablissement kommend am Ende der Arbeitsnacht ihren Heimweg antrat. Lächelnd stieg sie in ihr Auto und fuhr weg.

Ich muss gestehen, dass mich die Frau an diesem Ostersonntag in Gedanken noch weiter beschäftigt hat. Irgendwie ging durch ihre gestylte Extravaganz etwas Faszinierendes, ja Geheimnisvolles von ihr aus, das nicht zuletzt durch ihr souveränes Auftreten noch betont wurde. Später, in der Reflexion mit meinem geistlichen Begleiter, meinte dieser nur: Denk an die Apokalypse des Johannes und die Hure Babylon ...

Dann kam einer von den sieben Engeln, die die sieben Schalen trugen, und sprach zu mir: Komm, ich will dir das Strafgericht über die große Hure zeigen, die an vielen Wassern sitzt. Denn mit ihr haben die Könige der Erde Unzucht getrieben und die Bewohner der Erde sind vom Wein ihrer Unzucht betrunken geworden. Und er entrückte mich im Geist in die Wüste. Dort sah ich eine Frau auf einem scharlachroten Tier sitzen; es war mit lästerlichen Namen bedeckt und hatte sieben Köpfe und zehn Hörner. Die Frau war in Purpur und Scharlach gekleidet und mit Gold, Edelsteinen und Perlen geschmückt; sie hielt einen goldenen Becher in ihrer Hand, angefüllt mit Abscheulichkeiten und dem Unrat ihrer Unzucht. Auf ihrer Stirn stand ein Name geschrieben, ein Name voll Geheimnis: Babylon, die Große, die Mutter der Huren und der Abscheulichkeiten der Erde. Und ich sah die Frau betrunken vom Blut der Heiligen und vom Blut der Zeugen Jesu. Und mein Staunen bei ihrem Anblick war sehr groß. Der Engel sprach zu mir: Warum bist du erstaunt? Ich will dir Aufschluss geben über das Geheimnis der Frau und des Tieres mit den sieben Köpfen und zehn Hörnern.

Apk 17,1–7

Wenn man den ursprünglichen griechischen Text liest, dann fällt auf, dass in diesem kurzen Abschnitt fünf Begriffe aus der Wortfamilie *porneia* – „Unzucht" – vorkommen. Es ist das bestimmende Wort dieser Zeilen. Es ist wenig verwunderlich, wenn das Bild einer Prostituierten gezeichnet wird, die beim sonst so strengen Seher Johannes weder Abscheu noch Ekel, sondern eigenartigerweise großes Erstaunen weckt. Selbst dem Engel, der ihn in die Szene einführt, fällt dies auf, sodass er Rückfrage hält: „Weswegen staunst du?"

Zwei Mal ist dabei vom Geheimnis, vom *mysterion*, die Rede, das mithilfe des Engels gelüftet wird. Dabei weist die Szene eine gewisse Dramaturgie auf: Zuerst erzählt der Engel dem Seher von einer großen Hure, der das Strafgericht angedroht wird. (Das Hören geht wiederum dem Sehen voraus.) Wie Johannes sind auch wir gespannt, was es mit dieser verruchten Frau auf sich hat. Offensichtlich ist sie sehr geschäftstüchtig und erfolgreich, denn der Engel berichtet davon, dass die Könige der Erde ihre Dienste in Anspruch nehmen und sie bewundern. Einerseits zahlen sie also für ihr Vergnügen, andererseits haben sich alle Mächtigen in ihre Abhängigkeit begeben. Auch die Bewohner der Erde sind berauscht von ihrer magischen Anziehungskraft. Hier wird schon deutlich, dass es in diesem Abschnitt nicht um Prostitution im eigentlichen Sinne geht, sondern dass das Auftreten der Prostituierten als Bild verwendet wird, um eine fast blinde Abhängigkeit und Faszination darzustellen, der man sich nur schwer entziehen kann. Es geht um erkaufte Abhängigkeit.

Diesen Gedanken möchte ich ein wenig vertiefen: Mit dem Bild der Hure beschreibt das Alte Testament an verschiedenen Stellen gottlose und feindliche Mächte, deren Anziehungskraft für Israels Glauben gefährlich werden könnte. (Vgl. Jes 1,21; 23,16 f; Ez 16,15; 23,1f; Nah 3,4) Aufgrund ihres Erfolgs fällt das Volk von seinem Gott ab und übernimmt die fremden Gottheiten und deren kultische Verehrung. Und so ist im biblischen Sprachgebrauch Hurerei zum Synonym für Glaubensabfall und Götzendienst geworden.

Doch kehren wir zur großen Hure, von der selbst Johannes fasziniert ist, zurück: Für welche Weltmacht steht diese

Frau, die alle Könige und Bewohner der Erde in ihren Bann zieht? Und was bedeutet der Hinweis des Engels, dass sie an vielen Gewässern sitzt?

Das Bild von den Gewässern lässt mich eine Hafenmetropole assoziieren, die die Transportwege von Flüssen, Kanälen und Meeren nutzt, um immer größere wirtschaftliche und politische Macht zu erlangen. Venedig kommt mir in den Sinn – die *Serenissima*, die im Mittelalter die beherrschende Macht des Mittelmeeres war.

Mit dem „Wein ihrer Hurerei", von dem der Engel spricht, assoziiere ich Luxus, Reichtum und Dekadenz. Beim Lesen werde ich neugierig und will wie Johannes erfahren: Wer ist diese rätselhafte, einflussreiche Frau, die zur obszönen Orgie einlädt, die Tag und Nacht ausgelassen Party macht, sodass die ganze Welt in ihren Rausch gerät und mit ihr Gelage hält?

Nach dieser ersten Beschreibung durch den Engel wird nun Johannes im Geist in die Wüste entrückt. Wiederum ist es der Geist, der ihn bewegt. Auch die Ortsbeschreibung hat eine tiefere Bedeutung: Die leblose Wüste ist Ort der Dämonen, der dunklen, undurchsichtigen Kräfte. Sie steht für die Verwüstung des Lebens, wenn es in uns leer und sinnlos wird, ganz so wie das Chaos der Welt, das sprichwörtlich gewordenen *Tohuwabohu,* wie es am Anfang der Genesis beschrieben wurde (vgl. Gen 1,2). Zugleich ist die Wüste ein Bild für die Zerstörung von Kultur. Nach dem Wort der Propheten Jesaja und Jeremia soll die verhasste Großmacht Babylon zur Wüste werden. (Vgl. Jes 13,21; 14,23; Jer 51,26.29.43)

Wenn nun Johannes in der Ekstase in die Wüste entrückt wird, dann wird damit eine Aussage über die Zukunft dieser verrufenen Frau getroffen. Sie, die momentan vor Vitalität, Lebenslust und Fruchtbarkeit strotzt, wird in Leblosigkeit und Chaos, ja im Tod enden. Sie wird sprichwörtlich in die Wüste geschickt werden.

Dort nun sieht Johannes endlich die Frau, von der er schon einiges gehört hat. Erneut wird ein Spannungsbogen aufgebaut, der die Neugier über die Identität der Frau ebenso bei uns verstärkt. Zunächst zieht ein monströses Tier die Augen des Johannes auf sich. Auf ihm sitzt die faszinierende Frau. Hier wird wohl ein altorientalisches Motiv aufgenommen, das häufig belegt ist: Die Göttin, die auf einem Ungeheuer thront und zugleich von diesem abhängig ist. Entsprechend wird das Tier mit seiner scharlachroten Farbe geschildert, die der Prophet Jesaja als Farbe der Sünde kennzeichnet (vgl. Jes 1,18). Sieben Köpfe und zehn Hörner hat es und sein Leib ist mit gotteslästerlichen Namen beschrieben. Das Tier verkörpert somit eine widergöttliche Macht, dessen Wesen und Aufgabe die Gotteslästerung, ja die Leugnung der Existenz Gottes ist. In der Konsequenz bedeutet dies: Alles, was gut und gerecht ist, alles, was dem Leben dient, also was letztlich der gläubige Mensch Gott zuschreibt, will diese Macht zunichtemachen. Wenn nun die Frau auf dem Tier sitzt – ähnlich wie sie an den vielen Gewässern sitzt – dann hat sich die Frau dieses Wesens bemächtigt. Ihre ganze wirtschaftliche und politische Macht, die sie besitzt, leitet sich von einem monströsen Organismus ab, der Gottes Existenz lästert, diese völlig infrage stellt und nur seinen eigenen Gesetzmäßigkeiten folgt. Ihre weltbeherrschende Stellung gründet auf ihrer Gottlosigkeit, wie wir auch feststellen könnten, die auf Kosten anderer geht. Und dies wird nun durch die Beschreibung der luxuriösen Üppigkeit und selbstverliebten Laszivität dieser Frau unterstrichen. Zum Scharlach ihrer Kleidung, der sie mit der Farbe des Tieres verbindet, gesellt sich das ebenso teure Purpur, das an die kaiserliche Kleidung und uns heute an die

Gewänder der Kardinäle erinnert. Diese prächtigen Rottöne der kostbaren Stoffe, die für absoluten Luxus und Prunk stehen, werden ergänzt durch überaus kostbaren Schmuck, der in der Üppigkeit von Gold, Edelsteinen und Perlen regelrecht zum Gepränge wird. Wohin mit all dieser Pracht? Woher hat diese Frau ihren Reichtum? Auf wessen Kosten geht das alles? Sind die Schmuckstücke gar Ausdruck ihrer Anmaßung und Geltungssucht, wie es bei den Propheten angemahnt wird? (Vgl. Jes 1,18; Jer 4,30)

Betrunken von ihrer Macht und ihrem Reichtum schwenkt die Prostituierte einen goldenen Pokal in ihrer Hand und lädt alle Menschen zu einer ausgelassenen Orgie ein. Erst jetzt wird das Geheimnis gelüftet, wer sie ist. Auf ihrer Stirn steht ein Name geschrieben: Babylon, die Große! Der Name erinnert uns an die Ur-Geschichte vom Turmbau zu Babel, in der überliefert wird, wie der Mensch ganz aus eigener Kraft das Unerreichbare, d. h. den Himmel in seine Macht bringen will. Doch Folge dieses Hochmuts, der zum Himmel getürmten Sünden gleicht (vgl. Apk 18,5), werden Sprachverwirrung und Zerstreuung sein (vgl. Gen 11).

Babylon steht ebenso für das Trauma des Volkes Israel, die Zerstörung Jerusalems und des Tempels, die gewaltsame Verschleppung ins Exil und die Zerstreuung in die Diaspora im 6. Jahrhundert v. Chr. Aufgrund einer falschen Bündnispolitik, die auch die Religionspolitik bestimmt hat, sodass fremde Götter ins Land kamen, hatte der Gott Israels die Deportation seines Volkes zugelassen – so lautet die kritische Überzeugung der Propheten. Um im Bild zu bleiben: Israel hatte sich der Hurerei hingeben, indem es andere Götter verehrte, und somit gegen die ersten beiden Gebote des Dekalogs verstoßen. Und geografisch kommt hinzu, dass die antike Großstadt Babylon tatsächlich an vielen Kanälen lag, in die der

Euphrat sich verteilte. (Vgl. Jer 51,13) Doch die Folgen seiner Abkehr vom überlieferten Gottesglauben sind für das Volk Israel katastrophal. „An den Flüssen von Babel saßen wir und weinten", heißt es in Psalm 137. Traurig und resigniert sitzt das Volk Israel in Gefangenschaft und denkt wehmütig an Jerusalem zurück. In diese schwere, selbstverschuldete Depression hat es die falsche Abhängigkeit geführt.

All das klingt für den Schriftkundigen an, wenn Johannes den Namen „Babylon, die Große" auf der Stirn der Frau liest. Dabei ist es interessant zu wissen, dass die Prostituierten in Rom ein Stirnband tragen mussten, auf dem ihr Name zu stehen hatte. Damit wird deutlich, wer Babylon, die Große für Johannes und seine Zeitgenossen ist: Die Weltmacht Rom, die das Mittelmeer beherrscht, die aufgrund ihrer militärischen Erfolge und einer ausgeklügelten Handelspolitik auch ihre religiösen Überzeugungen exportiert, die im Kaiserkult ihren Höhepunkt finden. In jeder Stadt war damals eine Statue des Kaisers zu finden, oft überdimensional groß. Eigene Tempel wurden dafür errichtet, um den Erfolgskult der Weltmacht imposant Raum zu geben. Vor diesem Standbild mussten die Bewohner Opfer darbringen und dem Kaiser und der Weltmacht Rom huldigen. Was für eine Erfolgsgeschichte, die unveränderlich zu sein schien, sodass man vom ewigen Rom (lat. *roma aeterna*) sprach.

Johannes dagegen sieht in der Macht, die sich in der Stadt Rom manifestiert, eine extreme Form von Abgötterei, die keine Zukunft hat. Wer sich ihr widersetzt wie die Zeugen Jesu, der wird von dieser Hure und ihren Freiern ausgemerzt. Auch diese Wirklichkeit wird ins Bild gesetzt. So sehen wir, wie Babylon, die Große, das Blut der Heiligen zum berauschenden Trunk anbietet. Der Triumph der Gottlosigkeit wird zelebriert, der auf Kosten derer geht, die sich dem alles beherrschenden System widersetzen. Wir könnten auch vom Blutrausch sprechen, dem sich die große Hure und ihre Kinder hingeben. Für ihren Machtanspruch sind sie bereit, über Leichen zu gehen, und stellen dies auch noch zur Schau! Welch ein widerliches und Ekel erregendes Bild von Macht!

Umso beachtlicher ist die Reaktion des Sehers: Johannes ist über all das sehr erstaunt, ja fast sogar fasziniert. Und so lüftet nun der Engel Schritt für Schritt das Geheimnis, was es mit Babylon, der Großen, und ihrem monströsen Tier auf sich hat: Sie ist die Mutter aller, die Abgötterei betreiben, und aller anderen Abscheulichkeiten der Erde. Daher wird ihr der Prozess gemacht werden. Ihr dramatischer Untergang ist vorherbestimmt. Damit aber wird deutlich, dass mit dem Bild der großen Hure nicht nur das Ende Roms angekündigt wird, sondern jedes selbstherrlichen Gewaltregimes, das auf ungeheuerlichen Machenschaften und menschenverachtenden Praktiken gründet. Es wird letztlich keine Zukunft haben.

Achtsamkeit statt Verführung

„Diese Wirtschaft tötet!" Mit dieser prägnanten Feststellung in seiner Enzyklika *Evangelii gaudium* (EG) hat Papst Franziskus viele wachgerüttelt bzw. heftige Reaktionen provoziert. In seinem Rundschreiben aus dem Jahr 2013 klagt der Papst darüber, dass der weltweite Wirtschaftsliberalismus viele Menschen ausgrenzt und sie wie Müll behandelt. Um die Ökonomie gerechter zu machen, müsse sie aus der Perspektive der Würde jedes Menschen und des Gemeinwohls gestaltet werden. Es genüge keineswegs, „auf die blinden Kräfte und die unsichtbare Hand des Marktes zu vertrauen"

(EG 204), so warnt der Papst mit Blick auf die immer größer werdende Schere zwischen Arm und Reich.

Auch mich haben die Aussagen betroffen gemacht. Zwar haben wir in Deutschland eine soziale Marktwirtschaft, der auch zunehmend die Nachhaltigkeit wichtig ist. Dafür dürfen wir sehr dankbar sein. Und doch können wir uns den weltweiten ökonomischen Vernetzungen nicht entziehen. Das trifft ebenso auf unsere klösterlichen Wirtschaftsbetriebe zu. Freilich versuchen wir unseren Mitarbeitern unter ethischen Gesichtspunkten gerecht zu werden. Auch achten wir beispielsweise darauf, wo wir unser Geld anlegen oder Rohstoffe einkaufen. Ebenso haben wir in den vergangenen Jahren u. a. sehr viel im Bereich Energierückgewinnung getan, unsere Landwirtschaft betreiben wir schon über zwei Jahrzehnte ökologisch und versuchen auch in anderen Sektoren ethisch vertretbar zu handeln. Und doch bleiben wir eingebunden in die großen weltwirtschaftlichen Zusammenhänge, sodass unser Wohlstand immer auch auf Kosten anderer geht. Theologisch gesprochen befinden wir uns vernetzt in Strukturen der Sünde, doch aus diesem System auszusteigen ist schier unmöglich, wenn man nur an die Verantwortung als Arbeitgeber denkt und an die Tatsache, dass ja auch unsere Ordensgemeinschaft unterhalten und unser vielfältiges Engagement im pastoralen, sozialen und kulturellen Bereich finanziert werden muss. Eigentlich, so stelle ich manchmal fest, läuft es ganz gut ... Und doch taucht immer wieder die quälende Frage auf: Gleicht nicht die unsichtbare Hand der liberalen Finanz- und Wirtschaftsmärkte Babylon, der Großen? Haben auch wir uns in ihre Abhängigkeit begeben? Welche Alternativen gibt es zum beherrschenden Wirtschaftssystem, das die fortlaufende Ökonomisierung aller Lebensbereiche nach dem Motto: „Zeit ist Geld" vorantreibt? Sind wir noch Herren des Geschehens, wenn wir an die umfassende Digitalisierung oder die Weiterentwicklung künstlicher Intelligenz denken? Waren wir das jemals oder müssen wir nun feststellen, dass wir die Geister, die wir riefen, nicht mehr loswerden?

Kurz nachdem Papst Franziskus diese Äußerung getätigt hatte, hatte ich eine Begegnung mit Verantwortungsträgern aus der Wirtschaft. Ein Teilnehmer meinte trocken: „Diese Kirche tötet!" Er spielte damit nicht auf die harsche Kritik des Papstes an, sondern meinte konkret die unzähligen Missbrauchsfälle an Minderjährigen, die von Kirchenleuten verübt worden sind. Wie vielen wurde durch diese Verbrechen das Leben zerstört, wie viele wurden sogar zum Suizid getrieben! Um den Schein zu wahren, um ein betörendes System der sexuellen Reinheit aufrecht zu halten, hätte die Kirche sich mit dem Teufel verbündet, so lautete sinngemäß seine Kritik. Das sei widerliche Imagepflege auf Kosten der Opfer: Diese Kirche tötet! Wieder tauchte das Bild von der Hure Babylon auf und das teuflische Tier, mit dem sie im Bunde ist, nun aber für die Kirche und ihr jahrelanges Vertuschungssystem …

Beschämt muss ich gestehen, dass der Kritiker im Großen und Ganzen recht hat, und wir erfahren, wie sehr die sogenannte Missbrauchskrise unsere Glaubwürdigkeit ad absurdum führt. Doch wie kann eine Erneuerung der Kirche geschehen? Ist sie nicht zu sehr in ihrer eigenen Tradition gefangen? Wie soll das weltweit vonstattengehen? …?

All diese Fragen provoziert Johannes mit dem Bild der Hure Babylon bei mir. Ich kann es verstehen, wenn Menschen aus der Kirche austreten, weil sie für sie nicht mehr glaubwürdig ist. Und ein Blick in die Kirchengeschichte zeigt uns, dass die Kirche weder eine keusche Hure ist, wie die Kirchenväter lehrten, noch eine „perfekte Gesellschaft" (*societas perfecta*), als die sie im 19. Jahrhundert gezeichnet wurde. Für

mich persönlich kann nur eins gelten: Demütige Umkehr, sodass das Heilende und Heilige, das allein von Gott kommt,
wieder Raum gewinnen kann!

„Diese Kirche tötet!" – „Diese Wirtschaft tötet!" Beide Aussagen machen betroffen und wir könnten sie auf viele andere
Bereiche und Systeme übertragen, in die wir eingebunden
sind. Mich stimmt das sehr nachdenklich, denn die Gedanken
lassen mich die eigene Hilflosigkeit erfahren.

Am Beispiel des Römischen Reiches enthüllt Johannes die
teuflische Macht, durch das Tier symbolisiert, eines jeden absoluten Systems. Dabei tröstet es wenig, dass selbst Johannes
einer gewissen Faszination erliegt, wie auch wir es bis heute
tun, wenn wir staunend vor den beeindruckenden Bauwer-
ken der Römer stehen: Arenen, Aquädukte, Basiliken usw.
Bei solchen Besichtigungen muss ich immer an meinen La-
teinlehrer denken, der nach der Aufzählung der Großtaten
Roms immer nüchtern feststellte: „Bei allem Staunen darüber
dürfen wir nie vergessen: Der Mensch spielte in Rom keine
Rolle! Er war Ware, die man verbrauchen konnte, wie alles
andere. Wie viele Sklaven beim Bau dieser Werke draufge-
gangen sind, ist nirgendwo verzeichnet!" Auch das gilt es
zu bedenken, wenn Johannes zum einen eindringlich davor
warnt, sich auf die Hure Babylon einzulassen, und zum anderen darauf verweist, dass sie das Blut ihrer Gegner zum Trank
anbietet. Und so ist für ihn die Gegenwelt des christlichen
Glaubens die einzige Alternative. An dieser Stelle lässt sich
eine Brücke schlagen zum Mönchtum.

Von seiner Entstehungsgeschichte her ist das Mönchtum ursprünglich eine radikale Ausstiegsbewegung. Neben
den etablierten Welten in Kirche und Gesellschaft sucht es
einen anderen Weg, schafft es in der Wüste, durch Klostermauern abgegrenzt, eine eigene, andere Welt, indem es sich

konsequent am Evangelium orientieren will. Aber selbst der hl. Benedikt erfährt, dass dieser radikale Ausstieg in eine Gegenwelt nicht so einfach möglich ist. Jedes Kloster bleibt verflochten in seine Umwelt, in Kirche und Gesellschaft. Und so erkennt auch Benedikt, dass es nicht zuletzt wirtschaftliche Zusammenhänge gibt, denen sich ein Kloster nicht so einfach entziehen kann.

Daher mahnt er an verschiedenen Stellen unserer Regel zur Achtsamkeit. Letztlich ist es die Frage nach dem bestimmenden Vorzeichen, wenn er beispielsweise dem Abt empfiehlt, sich nicht um ein gar zu geringes Klostervermögen zu sehr Sorgen zu machen: „Sucht zuerst das Reich Gottes und seine Gerechtigkeit, und dies alles wird Euch dazugegeben." (RB 2,35) Eine klösterliche Gemeinschaft und jeder Mönch darf nie vergessen, dass es zunächst um Gott und seine Botschaft vom Menschen gehen muss. Die wirtschaftlichen Interessen dürfen nie an erster Stelle stehen oder gar dazu führen, dass ihnen zuliebe christliche Werte vernachlässigt oder gar aufgegeben werden. Das hätte Abhängigkeit zur Folge oder, um es drastischer zu sagen: Dann beginnt die Hurerei mit Babylon, der Großen.

Auf unsere heutige Situation übertragen bedeutet das, dass wir ein Kloster sind, das zum Lebensunterhalt eigene Wirtschaftsbetriebe unterhält. Das verpflichtet uns, fair, sozial und nachhaltig zu agieren, wie es der Botschaft Jesu entspricht. Wir sind eben nicht ein Wirtschaftsbetrieb, der sich aus PR-Gründen ein Kloster hält. Auch das wäre der Beginn der Prostitution, um es im Bild des Johannes zu sagen.

Dieser Gedanke lässt sich auf die Kirche als Gemeinschaft der Glaubenden übertragen: Kirche ist nie Selbstzweck, sondern hat ein höheres Ziel, nämlich Gott und seiner Botschaft und damit den Menschen zu dienen. Für ihn ist sie Instrument,

Werkzeug. Sie ist nicht der Erlöser selbst, sondern muss transparent auf diesen hin handeln. Das aber fordert einen demütigen Auftritt und eine bescheidene Präsentation. Weder Selbstgefälligkeit noch Triumphalismus sollten ihr Bild prägen, wie es das der Hure Babylon tut.

Wir merken, wie weit weg uns die Geschichte der Kirche geführt hat und wie schwer uns die Erneuerung fällt. Die Missbrauchskrise zeigt, wie kläglich und beschämend die Kirche versagt hat. Vielleicht helfen uns sogar die massenhaften Kirchenaustritte, zu einer neuen Bescheidenheit zu finden. Das hochmütige Projekt vom Turmbau zu Babel, das eine triumphierende Kirche (lat. *ecclesia triumphans*) betrieben hat, haben wir durch unsere Scheinheiligkeit zum Einsturz gebracht. Wie damals, so erleben auch wir Sprachverwirrung...

Daher ist aus meiner Sicht wirklich die Schule der Demut angesagt, zu der Benedikt immer wieder mahnt (vgl. RB 7). Der lateinische Begriff für Demut *humilitas* enthält das Wörtchen *humus* – „Erde". Diese Herleitung erinnert uns daran, dass wir selbst Teil der Erde sind, von ihr genommen wurden und zu ihr zurückkehren werden, wie es biblisches Verständnis ist. Darauf deutet auch der Name des ersten Menschen hin. Adam bedeutet übersetzt „der Erdling". Demut würde dann eine Haltung der Bodenständigkeit und Erdverbundenheit umschreiben. Wir sind nicht Gott und dürfen auch nicht der Versuchung erliegen, uns an seine Stelle zu setzen. Wir sind und bleiben Erdlinge, verwoben in den Kreislauf von Werden und Vergehen.

„Denk daran: Die Erde, auf die du heute trittst, wird dich einmal bedecken!" Aus diesem Vers, den ich einmal bei einem Vortrag gehört habe und der mich seither begleitet, und dem Gedanken der Demut, verstanden als Bodenständigkeit und Erdverbundenheit, ließe sich eine Spiritualität der Geschwisterlichkeit ableiten, wie wir sie von Franz von Assisi kennen. Alles, was ist, jedes Geschöpf ist uns Bruder und Schwester, weil es auch von der Erde ist bzw. von Gott geschaffen wurde. Nicht der Hochmut, das „Sein-wollen wie Gott", das „Nach dem Himmel greifen", um ihn zu besitzen, wie es das Bild vom Turmbau zu Babel eindrucksvoll veranschaulicht, ist uns ins Stammbuch geschrieben, sondern die Geschwisterlichkeit. Diese gilt es ehrlich zu leben, in Achtung und Ehrfurcht vor allem, was ist.

Hier lässt sich noch ein weiterer Gedanke aus der Benediktsregel anfügen. Dort wird der Cellerar, der wirtschaftliche Leiter des Klosters, ausdrücklich darauf hingewiesen: „Alle Geräte und den ganzen Besitz des Klosters betrachte er als heiliges Altargerät." (RB 31,10) Im Lateinischen ist von der *substantia* die Rede. Wir könnten also auch sagen, dass es an dieser Stelle um die Substanz des Klosters geht. Wenn alles kostbares und wertvolles Altargerät ist, also dem Gottesdienst zu dienen hat, dann soll alles Tun und Handeln letztlich Gott dienen und zum Gottesdienst werden. Dies unterstreicht Benedikt in einem anderen Kapitel, in dem er die Handwerker des Klosters vor Stolz und Habgier warnt. (Vgl. RB 57) Sie könnten sich etwas einbilden, auf ihre Produkte und ihr Können, und dabei sogar der Habgier erliegen, indem sie erhöhte Preise festlegen. Dem möchte Benedikt vorbeugen und empfiehlt daher: „Man verkaufe sogar immer etwas billiger, als es sonst außerhalb des Klosters möglich ist, damit in allem Gott verherrlicht werde." (RB 57,8.9) Letztlich soll jeder Handel Gottesdienst sein, so lautet seine Forderung.

Das ist ein wunderbarer Gedanke, aber lässt er sich wirklich umsetzen? Es ist ein hohes Ideal. Innerlich seufze ich, während ich diese Zeilen schreibe. Wie oft schleicht sich bei mir einerseits die Sehnsucht ins Herz: Wie schön wäre es doch, wenn uns das in allem möglich wäre. Dann sehe ich wiederum die Realität, wie auch wir eingebunden sind in die bestehenden Systeme. In Konfliktsituationen oder mit Blick auf nicht-kirchliche Unternehmen erliege ich manchmal sogar dem Gedanken: „Wie einfach wäre alles, wenn wir wie andere Wirtschaftsunternehmen rein unter ökonomischen Gesichtspunkten handeln könnten ohne unsere christlichen Werte …" Aber mit diesem Gedanken beginnt der verführerische Tanz mit der Hure Babylon, der am Ende ins Verderben führt und deren zerstörerischen Machenschaften Johannes drastisch enthüllt.

Wenn ich aber die wirtschaftlichen Herausforderungen beiseiteschiebe und mir wieder ins Bewusstsein rufe, wer und wem alles wirtschaftliche Handeln dienen muss, habe ich die Kraft, Lösungen zu suchen: Es sind die konkreten Menschen und deren Zukunft, denen ich und denen wir als Gemeinschaft verpflichtet sind. Wir glauben nicht an ein System, sondern an Menschen und an Gott. Die Kirche, die Wirtschaft, das Kloster, alles sind Instrumente, Werkzeuge.

Johannes ist davon überzeugt, dass sich die römische Weltmacht mit bösen Mächten, schlussendlich mit dem Teufel verbündet hat. Er selbst erfährt, welche Faszination von diesem Bündnis ausgeht und welche Gefahr es auch für die Christen birgt. Das will er enthüllen. Er will auf falsche Abhängigkeiten aufmerksam machen und von ihnen befreien. Auch wir erfahren, wie wir in Systeme und in ihre Geschichte eingebunden sind, und gar nicht so frei sind, wie wir oft denken oder es uns wünschen.

Eine neue Achtsamkeit ist gefragt im Umgang mit den Dingen, aber auch eine Achtsamkeit, die zur Unterscheidung führt: Wo können wir nicht anders und wo müssen wir uns abgrenzen, indem wir *Nein* sagen?! Wie wir gesehen haben, ist das ganz und gar nicht einfach. Bei allem berechtigtem Optimismus ist ebenso kühler Realitätssinn gefordert, der nach möglichen bösen Machenschaften sucht, die Leben rücksichtslos zugrunde richten.

Mich lässt es an einen älteren Mönch aus einem anderen Kloster denken, der vor einigen Jahren verstorben ist. Er war ein grenzenloser Optimist und hatte die Angewohnheit, auch bei schlimmsten Dingen noch etwas Gutes zu entdecken. Ein Mitbruder von ihm wollte ihm eine Falle stellen, indem er ihn fragte: „Und am Teufel, was kannst du am Teufel Gutes finden?" Er antwortete: „Nicht vieles, aber fleißig ist er schon!"

Dieser eigenartigen Gestalt der Bibel und seinen bösen Machenschaften wenden wir uns nun zu, wenn wir das Tier, auf dem die große Hure Babylon sitzt, und seine Gefährten im kommenden Kapitel eingehender betrachten.

Die Bestie aus der Erde

„Glauben Sie an den Teufel?" – Diese Prüfungsfrage stellte gerne einer unserer Dozenten. Wenn man dann mit „Ja" antwortete, erklärte er einem, dass man im Sinne von „Vertrauen" nur an Gott glauben kann. Der Teufel dagegen sei keine Person, dem man Vertrauen schenken könne. Freilich gebe es Böses, indem es an Gutem mangele und böse Kräfte dadurch entstehen könnten. Aber wenn wir schon vom Bösen mit bestimmtem Artikel (also *das* Böse) sprechen, dann wäre es kein Du, sondern ein Es.

An diese Belehrung musste ich bei einem Gespräch mit einer Mutter denken, die völlig überraschend ihren Sohn durch Suizid verloren hatte. Immer wieder tauchte die Frage nach der Schuld auf: Warum hat uns unser Kind das angetan? Haben wir als Eltern versagt, dass er mit uns nicht offen über seine Probleme sprechen konnte? Hat die Freundin mit ihrem Kinderwunsch zu viel Druck ausgeübt? War er mit seiner Arbeit überfordert? ...?

Die Mutter erzählte mir, dass ein Therapeut der Familie sehr helfen würde. Er vertritt den Standpunkt, dass es nicht heilsam wäre, die Schuld bei sich oder bei ihrem geliebten Sohn oder anderen zu suchen. Wir alle gehen nicht schuldlos durchs Leben. Aber hinter so einer furchtbaren Tat würde eine andere Macht stehen, die eben dunkel und undurchsichtig ist. „Es" habe ihren Sohn getötet. Dieser unpersönlichen Macht konnte sich der junge Mann anscheinend nicht mehr entziehen, sodass sie sich seiner Gedanken und Taten bemächtigte.

Der Familie hilft dieser Ansatz sehr. Und je mehr ich darüber nachdenke, hilft er auch mir. Vieles bleibt unerklärlich und undurchsichtig in unserem Leben im Kleinen wie im Großen. Dabei gibt es sie, diese dunklen Mächte, denen wir Menschen bisweilen hilflos ausgeliefert sind. Woher sie letztlich kommen, bleibt uns verborgen.

In der Apokalypse werden sie mit eindrücklichen Bildern beschrieben. Im vorliegenden Abschnitt begegnen uns zwei furchtbare Tiere. Das eine kommt aus dem Meer, es steigt also aus dem Unbewussten empor, aus dem Chaotischen und Dunklen. Das andere kommt aus der Erde, aus der Unterwelt, aus dem Reich der Schatten und des Todes. Auch wenn die dunklen Mächte in Form von Tieren dargestellt werden, heißt das nicht, dass dahinter Personen stehen. Vielmehr wird so eindrücklich ihre bestialische, lebenszerstörende Kraft ins Bild gebracht.

Bevor wir uns aber dieser Szene intensiver widmen, braucht es einen kurzen Blick auf das, was zuvor geschehen ist: Ein eigenartiges Spektakel wird uns präsentiert: Zunächst überträgt ein feuerroter Drache seine Macht einem Tier, das aus dem Meer kommt. Dieses ist uns schon aus dem letzten Kapitel bekannt, denn es ist die Bestie, auf dem die große Hure Babylon thront. Es hat „zehn Hörner und sieben Köpfe und auf seinen Hörnern zehn Diademe und auf seinen Köpfen Lästernamen" (Apk 13,1), die wir bereits im vorangegangenen Kapitel näher betrachtet haben. Es bekommt Macht auf der ganzen Erde. Wer wie die Christen sich ihm nicht unterwirft, wird in Gefangenschaft geführt oder getötet werden, so stellt Johannes fest. (Vgl. Apk 13,10)

Neben den Drachen und dem Tier aus dem Meer sieht er nun noch ein drittes Lebewesen. Dieses kommt aus dem Land hervor. Es ergänzt die beiden anderen Tiere zu einer diabolischen Trinität:

Und ich sah ein anderes Tier aufsteigen aus der Erde. Es hatte zwei Hörner wie ein Lamm, aber es redete wie ein Drache. Es übte die ganze Macht des ersten Tieres vor dessen Augen aus. Es brachte die Erde und ihre Bewohner dazu, das erste Tier anzubeten, dessen Todeswunde geheilt worden war. Es tat große Zeichen, sogar Feuer ließ es vor den Augen der Menschen vom Himmel herabfallen. Es verführte die Bewohner der Erde durch die Zeichen, die es vor dem Tier tun durfte. Es überredete die Bewohner der Erde, für das Tier, das die Schwertwunde empfangen hatte und doch wieder zum Leben kam, ein Standbild anzufertigen. Es wurde ihm Macht gegeben, dem Standbild des Tieres Lebensgeist zu verleihen, damit das Bild des Tieres sogar sprechen konnte und bewirkte, dass alle getötet wurden, die das Standbild des Tieres nicht anbeteten. Und es erreichte, dass alle, die Kleinen und die Großen, die Reichen und die Armen, die Freien und die Sklaven, sich auf ihrer rechten Hand oder auf ihrer Stirn ein Kennzeichen anbrachten und dass niemand kaufen oder verkaufen konnte, wenn er nicht das Kennzeichen, den Namen des Tieres oder die Zahl seines Namens angenommen hat. Hier ist die Weisheit vonnöten. Wer Verstand hat, rechne die Zahl des Tieres aus: es ist nämlich die Zahl eines Menschennamens; seine Zahl ist sechshundertsechsundsechzig.

Apk 13,11–18

Die diabolische Trinität setzt sich also zusammen aus dem Drachen, der gleichsam der Vater der anderen beiden ist. Er ist das fratzenhafte Gegenbild zu Gottvater. Das Tier aus dem Meer, dem vom Drachen alle Macht gegeben wird, wird dem Lamm, dem Symbol des Sohnes, gegenübergestellt, das analog von Gott alle Macht bekommen hat (vgl. Apk. 5,12–14). Das dritte Lebewesen, das aus dem Land kommt, ließe sich dann als das Gegenbild zum Heiligen Geist deuten. Dies ist insofern passend, als es dem dritten Tier hauptsächlich um die Propaganda für das zweite Tier geht.

Letztlich ist diese diabolische Trinität ein starkes Kontrastbild zur Dreifaltigkeit. Es ist für meine Begriffe eine Darstellung des Anti-Christus – ein Gegenbild Gottes. Dabei möchte ich zu bedenken geben, dass „Anti" auch „An die Stelle treten" bedeuten kann. Das würde heißen, dass dieses „Es" an die Stelle des göttlichen „Du" tritt, wenn Gott-Losigkeit bzw. Gottesleere herrscht und andere Mächte an seine Stelle treten.

Mit diesen Vorbemerkungen können wir uns dem dritten Tier zuwenden, das aus der Erde aufsteigt: Der griechische Begriff *thyrion*, der hier für „Tier" verwendet wird, meint eigentlich „wildes Tier, Raubtier, Ungetüm" und grenzt sich damit vom Oberbegriff *zoon* – „Lebewesen" ab. Auch das Tier aus dem Meer wurde zuvor schon als *thyrion* tituliert. Im Lateinischen wird *thyrion* mit *bestia* übersetzt. Es steht für ungezügelte Kräfte, die wie wilde Bestien schwer verletzen und den Tod bringen können.

Zunächst aber macht dieses Wesen, das aus der Erde kommt, rein äußerlich betrachtet, auf mich einen ganz natürlichen Eindruck. Es hat nur zwei Hörner wie ein Widderlamm und gleicht auf den ersten Blick dem göttlichen Lamm. Doch wir dürfen uns nicht von diesem Bild täuschen lassen. Auch dieses Tier hat seine Macht vom Drachen, denn, wenn es seinen Mund aufmacht, dann verrät es seine Herkunft.

„Es redet wie ein Drache!", stellt Johannes nüchtern fest. Wir könnten auch sagen, dass es das Sprachrohr des Drachen, der den Teufel symbolisiert, ist, indem es sich ganz in den Dienst des Tieres aus dem Meer stellt. Es verkörpert also nicht den Geist Gottes, sondern den Ungeist eines lebensverachtenden Prinzips.

So verstanden tarnt sich diese Bestie als „Wolf im Schafspelz" und macht erfolgreich Propaganda für die Bestie aus dem Meer. „Hütet euch vor den falschen Propheten, die in Schafskleidern zu euch kommen, inwendig aber reißende Wölfe sind", heißt es im Matthäusevangelium (Mt 7,15).

Somit repräsentiert es auch die falschen Propheten, vor deren Auftritt in der Endzeit Jesus in den Evangelien eindringlich warnt. (Vgl. Mk 13,22; Mt 24,24) Sie reden nicht in seinem Geist.

Dieses dritte Tier im teuflischen Bund hebt das Tier aus dem Meer auf den Sockel und inthronisiert es. Dies ist ein ausdrucksstarkes Bild für den Kaiserkult, wenn es heißt, dass es die Menschen der Erde dazu verführt, dieser Bestie zu huldigen. Auffallend ist dabei, dass die tödliche Wunde des zweiten Tieres geheilt ist. (Vgl. Apk, 13,4) Es wird so zum Gegenbild für das Lamm, das aussieht, als ob es geschlachtet ist und damit eindeutig den Gekreuzigten und Auferstandenen symbolisiert, dessen Wunden gleichsam zu seinem Markenzeichen werden. (Vgl. Apk 5,6) Wir werden uns damit eingehender in der 5. Vision beschäftigen.

Viele Bibelwissenschaftler sehen im Bild der geheilten Wunde einen Hinweis auf Kaiser Nero (37–68). Über ihn gab es zur Zeit des Sehers Johannes eine populäre Legende, dass Nero nach seinem Tod zu neuem Leben auferweckt werden und erneut die Macht an sich reißen würde. Seine Todeswunde sei geheilt worden. Lebt er etwa in Kaiser Domitian neu auf?, werden sich wahrscheinlich viele Zeitgenossen damals gefragt haben.

Eigentlich ist es eine Warnung an die Christengemeinde, die Johannes indirekt ausspricht: Lasst Euch nicht von diesem Trugbild und seinem Propagandaminister verführen. Hinter dem römischen Weltreich und seinem Absolutheitsanspruch, der sich im Kaiserkult manifestiert und im ganzen Reich propagiert wird, stecken satanische Mächte. Sie wollen die Menschen vom wahren Gottesglauben abbringen. Daher gilt es, sich ihnen mutig zu widersetzen. Freilich ist das gar nicht so einfach. Schließlich ziehen diese diabolischen Kräfte alle Register, um die Menschen für ihr System zu begeistern. Große Zeichen geschehen. Wie einst der Prophet Elija lässt das Tier aus dem Himmel Feuer auf die Erde fallen (vgl. 1 Kön 18,38), die ebenso an die Feuerzungen des Pfingsttages erinnern (vgl. Apg 2,3). Was für ein beeindruckendes Schauspiel! Auch versieht es das Standbild, das die Menschen errichten, mit Lebensgeist, sodass dieses zu reden beginnt. Und jeder, der es nicht verehrt, wird sterben. Wahrscheinlich finden sich hier volkstümliche Glaubenselemente wieder, dass römische Priester die Fähigkeit besaßen, Götterstatuen zu bewegen, ja sie sogar sprechen zu lassen. Dabei ist die Beobachtung interessant, dass diese Vollmacht des Tieres wieder mit der Formulierung „ihm war gegeben ..." umschrieben wird. Diese Formulierung ist uns schon bei den vier Reitern begegnet. Sie unterstreicht: Diese teuflische Trinität handelt nicht von sich aus und ist auch kein Gegenspieler Gottes, so mächtig sie auch aufzutreten scheint. Am Ende hält auch bei diesem diabolischen Spiel Gott die Fäden in seinen Händen. Dieser kleine Hinweis soll die Gemeinde bestärken, ihren Gottesglauben nicht aufzugeben, sondern mutig den dunklen Mächten standzuhalten.

Doch die Funktionäre des Drachens haben mit ihrer Propaganda großen Erfolg. Alle Bewohner der Erde aus den unterschiedlichen Lebenssituationen heraus lassen sich zur Anbetung hinreißen und bekommen auf ihre Hand oder auf ihre Stirn das Zeichen des Tieres gedrückt. Das wirft Fragen auf: Bekommen die Menschen wie die Sklaven der damaligen Zeit ein Brandmal oder den offiziellen Kaiserstempel aufgeprägt? Wird hier ein Gegenbild zur Taufe gezeichnet, die Johannes mit einer Besiegelung vergleicht? (Vgl. Apk 7,3; 9,4) Die Exegeten sind sich über die Bedeutung uneinig, sodass wir keine befriedigende Antwort geben können. Letztlich lautet die Botschaft: Jeder, der sich Rom und seinem Kaiserkult verschreibt, wird in diesen mit Leib und Leben eingegliedert. Wie ein Sklave lässt er sich ein Eigentumszeichen sichtbar in seine Haut einbrennen und erkauft sich damit die Mitgliedschaft im Imperium. Sein Denken (dafür steht sinnbildlich die Stirn) und sein Handeln (symbolisiert durch die Hände) sollen ganz davon geprägt sein. Dies bedeutet aber auch, dass er dafür einen hohen Preis zahlt. Die Zugehörigkeit zu Rom wird mit der eigenen Freiheit erkauft, die nur Gott schenken kann.

Wer sich dagegen der römischen Wertegemeinschaft verschließt, dem wird auch die Lebensgrundlage entzogen. Nur wer das Zeichen hat, kann im System überleben. Damit wird deutlich, für wen die dritte Bestie Propaganda macht: Für totalitäre Regime jeder Art und jeder Zeit. In ihnen ist kein Platz für Gott, der über allem steht und alle Macht in Händen hält.

Am Ende steht noch die Aufforderung, die Zahl des Tieres zu berechnen und kurz darauf wird sie uns verraten: 666. Auch über diese Zahl wurde im Lauf der Jahrhunderte viel gerätselt. Was hat es mit ihr auf sich? Ist es der Name von Kaiser Nero im Griechischen geschrieben und in hebräische Buchstaben übertragen, deren Zahlenwert dann 666 ergibt?

Das wäre mit Blick auf die erwähnte Nero-Legende durchaus plausibel. Es könnte aber auch eine defizitäre Darstellung der Zahl der Fülle sein, der Sieben. Wenn nun die Zahl des Tieres 6 x 1 + 6 x 10 + 6 x 100 ist, dann wird deutlich, wer hier am Werk ist – eine völlig unzulängliche Macht.

Auch hierin können wir einen eindringlichen Appell an die Christen entdecken, der zeitlos gilt: Lasst euch nicht kritiklos auf staatliche, gesellschaftliche oder auch religiöse Ordnungen ein, gerade wenn sie totalitäre Züge annehmen. Es kann den Menschen seine Freiheit sowie Leib und Leben kosten. Ihr aber befindet euch im Herrschaftsbereich Christi, der keinen Götzendienst duldet. In der totalen Überwachung und Beherrschung ist kein Platz mehr für Gedanken der Freiheit, wie sie nur Gott geben kann. Dies ist es eine zeitlose Kampfansage, die Johannes hier formuliert: Seitdem Jesus Christus seine Herrschaft angetreten hat, indem er von seinem Vater vom Tod erweckt wurde, ist die Geschichte der Welt von der Auseinandersetzung mit ihm bestimmt.

Auseinandersetzung statt Verteufelung

In steter Regelmäßigkeit weist mich ein Bekannter darauf hin, dass der Wikipedia-Eintrag zu meiner Person nicht auf dem neuesten Stand sei. Ich sollte doch mehr auf meine Imagepflege achten. Das sei in der medial bestimmten Welt wichtig. Wir hätten doch sicherlich in unserem Andechser Unternehmen einen Öffentlichkeitsreferenten, eine Art „Propagandaminister" wie er wörtlich meinte, der sich der Sache annehmen könne. Zunächst musste ich über die Bezeichnung schmunzeln, dann aber wurde ich nachdenklich: Unser

Verantwortlicher für Öffentlichkeitsarbeit ein „kleiner Goebbels", der unser Bild in der Öffentlichkeit schönredet und uns gut verkauft? Wo beginnen die Machenschaften des Tieres aus der Erde? Wo lassen wir uns zur Verehrung auf einen Sockel heben?

Fragen wie Wie präsentieren wir uns in der Öffentlichkeit? Wie komme ich bei den Leuten gut an? und dergleichen haben Menschen schon immer beschäftigt. Durch den ständig wachsenden Einfluss der sozialen Medien gewinnen sie heutzutage immer größere Relevanz: Wie viele Follower haben meine Plattform abonniert? Wie viele Likes habe ich für ein Selfie, das ich ins Netz gestellt habe, bekommen? In so vielen Situationen wollen wir ein gutes Bild abgeben und „hübschen uns auf".

All das ist nachvollziehbar und ganz normal. Wir wollen gut ankommen und anderen gefallen. Aber die zunehmende Tendenz, sich von öffentlichen Meinungen abhängig zu machen, ist meines Erachtens zugleich auch gefährlich. Zum einen weil wir vergessen, dass wir alle auch Schattenseiten haben. Wir stehen stets in Gefahr, einseitig die Fassade herauszuputzen und nicht mehr an den Schatten zu arbeiten. Zum anderen müssen wir zuweilen feststellen, dass wir uns oft vom Mainstream bestimmen lassen, um nicht unangenehm aufzufallen. Das fängt bei Kleinigkeiten im Alltag, wie beispielsweise der Mode, an und endet nicht zuletzt mit der Scheu, seine eigene Meinung und Position zu vertreten. So frage ich mich selbst beim Schreiben dieser Zeilen: Traue ich mich z. B., in einer Diskussion über Schwangerschaftsabbruch unter Freunden die Wahrheit auszusprechen, dass dadurch menschliches Leben getötet wird? Bin ich bereit, dagegenzuhalten, wenn das Menschenrecht auf Asyl untergraben wird ·

mit der Begründung, dass die Geflüchteten nur auf unseren Wohlstand aus wären?

Sich aus Meinungsbildern des eigenen Umfelds zu befreien, ist gar nicht so einfach. Konform zu sein ist oft bequemer und angenehmer. Schließlich sind wir oft genug auf andere und deren Gusto angewiesen und wer will schon anecken? Das ist anstrengend und herausfordernd und kostet oft sehr viel Kraft. Beginnt das in der Apokalypse beschriebene Tier also still und heimlich damit, sein Kennzeichen auch uns einzuprägen? Worauf kommt es an?

Dieser Gedanke beschäftigt mich immer wieder und mir kommt eine kleine Begebenheit in den Sinn, die mich wachgerüttelt hat. Dazu muss ich ein wenig ausholen: Meine Anfangsjahre im äbtlichen Dienst waren von internen Schwierigkeiten geprägt und so manches musste geordnet werden. Das verlangte viel Ausdauer, Kraft und Zeit und war für alle Beteiligten nicht einfach. Das mediale Interesse an den Vorgängen war groß, denn für die Öffentlichkeit ist es verständlicherweise interessant, was sich hinter Klostermauern abspielt. Da es sich damals um Interna handelte, haben wir als Gemeinschaft die Vereinbarung getroffen, nach außen hin keine Stellungnahmen zu den Themen abzugeben. Das hatte zur Folge, dass viele Spekulationen über die Hintergründe aufkamen und auch manche Falschmeldungen zu lesen waren, was wir aber in Kauf nahmen. Dies kann man den Medien nicht verübeln, schließlich bekamen sie von uns nur bedingt Gegendarstellungen. Seitdem aber lese ich anders Zeitung bzw. gehe anders mit Meldungen in den Medien um. Als es einmal viel Kritik an meiner Person hagelte, gab mir ein älterer Mitbruder zwischen Tür und Angel kurz und prägnant den biblischen Rat mit auf den Weg: „Gott lerne fürchten!" (In Anlehnung an Spr 1,7) Dieser Weckruf traf mich damals ins Herz und hätte auch vom Seher Johannes kommen können: Denk stets daran, vor wem du dich im Letzten verantworten musst! Ich muss gestehen, dass der Glaube, dass Gott für mein Leben die letzte Instanz ist, sehr entlastend und befreiend für mich ist. Damit meine ich nicht, dass der jüngste Tag und die Begegnung mit Gott für mich nur vergnüglich bzw. nur angenehm sein werden. Vielmehr denke ich, dass es noch ein „ernstes Gespräch geben wird", wie es Hans-Jochen Vogel (1926–2020), ehemaliger Oberbürgermeister von München und Berlin sowie Bundesjustizminister, einmal in einer Begegnung mit mir formulierte. Aber dieses ernste Gespräch entlastet im Hier und Jetzt und stärkt mich darin, so manchen Druck heute auszuhalten. Es geht nicht darum, welches Bild in den Geschichtsbüchern von uns überliefert wird, ob wir in den Augen der Nachwelt erfolgreich waren oder nicht. Dann wären wir dem Tier ähnlich, das von seinen Gefährten auf Kosten anderer auf den Sockel gehoben wird und dessen Bild beschönigt ist, indem die Schwertwunde geheilt wurde.

Diese Verhältnisbestimmung, wem ich mich letztlich zu verantworten habe, hat mir seitdem schon oft weitergeholfen, wenn es schwierige Entscheidungen zu treffen galt, die gut abgewogen und reflektiert werden mussten, aber in der Öffentlichkeit nicht so positiv aufgenommen werden würden. In diesen Situationen habe ich mich gefragt und pflege es zu tun: Werde ich wenigstens vor Gott Rede und Antwort stehen können?

Wir wissen, wie manipulativ die öffentliche Meinung geworden ist, wenn beispielsweise Umfragewerte oder ein unüberlegtes Wort, eine missverständliche Geste eines Kandidaten Wahlen entscheiden können. Es ist bekannt, wie über Halbwahrheiten und Unwahrheiten, die für wahr erklärt im Netz verbreitet werden, bewusst manipuliert und im Letzten kaltblütig Macht ausgeübt wird. Eigentlich ist es das, was der griechische Begriff für Teufel *diabolos* zum Ausdruck bringt. Er leitet sich von *diabolein* ab, was „durcheinanderwerfen, durcheinanderbringen, entzweien" bedeutet. Wahrheit und Unwahrheit werden durcheinandergeworfen. Wie schnell kann durch eine Falschdarstellung die öffentliche Meinung manipuliert oder sogar gekippt werden, sodass das, was bislang als gut erschien, auf einmal verteufelt wird.

Nichts anderes ist Aufgabe der Propaganda in totalitären Systemen. Kritische Sichtweisen, die die Vielfalt zulassen und den öffentlichen Diskurs beflügeln, die gleichsam miteinander um die Wahrheit und den besten Weg ringen, müssen mit allen Mitteln unterbunden werden, da man sich exklusiv im Besitz der Wahrheit wähnt. Es gibt nur noch eine gültige Sicht der Dinge, die kontrolliert vorgegeben wird und der sich alle anderen unterzuordnen haben. Pluralität weicht der Uniformität der Masse. Und wer nicht mitmacht, der wird mundtot gemacht oder gar ausgemerzt, wie uns Johannes vor Augen führt. So funktioniert das diabolische System, womit wir wiederum bei der bösen Macht – beim „Es" der das Kapitel einleitenden Gedanken wären. Ich möchte diesen Gedanken noch ein wenig weiter ausführen: Wenn viele das Gleiche denken und für wahr halten, auch wenn es dies objektiv nicht ist, bekommt dieses Falsche eine „Quasiwirklichkeit". Diese kann bestimmend, ja so mächtig werden, dass sie einerseits in blinde Abhängigkeit führt und andererseits Angst und Schrecken verbreitet. Niemand traut sich mehr dagegen aufzustehen, auch wenn er spürt, hier geschieht Unrecht. Aber die Masse und die gängige Lehrmeinung, dieses „diabolische Es" können so mächtig werden, dass es zum Verstummen jeglicher Kritik kommt. Veränderungen oder Korrekturen sind dann ausgeschlossen. Wer z. B. schon einmal gegen einen ungerechtfertigten Shitstorm ankämpfen musste, weiß, wovon ich schreibe.

„Wir haben den Schwarmgeist und den Herdentrieb nicht abgelegt!", meinte zu diesem Thema ein Psychotherapeut, mit dem ich mich über die Macht des Bösen austauschte. Zunächst mag der „Schwarmgeist", bzw. der „Herdentrieb" ja gut sein, schützten sie doch die Herde bzw. den Schwarm vor mächtigen Fressfeinden. Wenn der Herdentrieb aber dazu führt, dass andere unter die Hufe geraten, weil sie sich willenlos unterordnen müssen, dann wird es gefährlich, wie uns die schrecklichen Jahre der NS-Diktatur vor Augen führen. Weder war Hitler eine Inkorporation des Teufels oder gar des Antichristen, noch waren seine Gefolgsleute bzw. „die Deutschen" vom Teufel besessen. Und trotzdem muss von „diabolischer Massenbesessenheit" die Rede sein, die die Welt und die Menschheit Anfang des 20. Jahrhunderts an den Abgrund führte. Dadurch kann sich weder ein Volk noch der Einzelne aus der Verantwortung stehlen, denn es geht in diesem Zusammenhang letztlich um die Frage der Freiheit.

Wie wir gesehen haben, ruft Johannes deutlich zum Widerstand auf, wenn es darum geht, sich das Kennzeichen des Tiers auf Hand oder Stirn prägen zu lassen oder eben nicht. Diese Frage stellt sich immer wieder neu: Wo mache ich mit? Wo grenze ich mich ab? Wie finde ich zu einem reflektierten Urteil? Welcher Stimmungsmache gebe ich mich hin? ...? Tragfähige Antworten zu finden, ist alles andere als einfach. Und oft genug stützen wir unsere Entscheidungen auf Urteile anderer, deren Wahrhaftigkeit wir nur schwer einschätzen können.

Die Warnung des Johannes, nicht einem beherrschenden System zu erliegen, das einen völlig in Besitz nimmt, ist erstaunlich aktuell. Die zunehmende Digitalisierung und die sich rapid entwickelnde künstliche Intelligenz stellen an uns große Anforderungen: Was ist alles nachvollziehbar? Wie gläsern werden wir? Wie sehr werden wir Teil eines totalitären und alles bestimmenden Systems und sind schon längst abhängig von diesem? Manchmal denke ich, dass die sprechende Alexa, die in manchen Haushalten alle möglichen Antworten gibt und die Wünsche der Bewohner erfüllt, dem sprechenden Götterbild gleicht. Wer steckt dahinter? Welche Informationen über die dort lebenden Personen werden abgespeichert und weiterverarbeitet?

Algorithmen bestimmen unser Leben. Aufgrund meiner Suchbegriffe in Suchmaschinen beispielsweise kann festgestellt werden, was meine Vorlieben sind. Entsprechend werden Werbung und günstige Angebote geschaltet. Ähnliches gilt, wenn wir überlegen, wie viele Geschäfte wir über das Handy oder mit Hilfe von Bankkarten und Codes bargeldlos erledigen. Die Reihe der Beispiele ließe sich beliebig fortsetzen. Es geht nicht darum, die Digitalisierung zu verteufeln. Vieles ist heute einfacher und unkomplizierter möglich, wenn wir etwa an digitale Meetings in Corona-Zeiten denken. Aber ebenso ist uns eine kritische Distanz, die sich etwa in der Einforderung von Datenschutzregeln zeigt, angeraten. Es braucht eine intensive Auseinandersetzung, zu der aber oft sowohl die Zeit als auch die Kompetenz fehlen.

Die undurchschaubaren Abhängigkeiten, die die Digitalisierung mit sich bringt, und eine sich scheinbar verselbstständigende künstliche Intelligenz stimmen nachdenklich und können Angst machen. Welche Mächte und Absichten von Menschen stecken dahinter? Wem liefern wir uns aus? …? Bestimmt kann dadurch viel Gutes bewirkt werden, aber eben auch undurchsichtige und finstere Mächte bekommen ihren Raum. Johannes spricht davon, dass das dritte Tier

Götterstatuen zum Reden bringt, d. h. diese missbraucht, um seine Überzeugungen als von einem Gott gegeben anderen aufzuoktroyieren.

In diesem Zusammenhang kommt mir unser Mönchsvater Benedikt in den Sinn, der von den Einflüsterungen des Teufels spricht. Dabei ist zunächst interessant, dass in der Benediktsregel nur an vier Stellen vom Teufel die Rede ist (vgl. RB Prol 28; 1,4; 54,4; 58,28), während seine Vorlage, die sogenannte Magisterregel, ihn 27-mal erwähnt. Auch finden wir keine Beschreibung hinsichtlich der Gestalt des Teufels oder Andeutungen, dass dieser personale Züge habe, indem er einem Menschen leibhaftig erscheine. Vielmehr warnt Benedikt davor, dass seine Einflüsterungen im Herzen des Mönchs keinen Raum bekommen sollen. Hier knüpft der Mönchsvater an das Gedankengut der Wüstenväter an, die nach heutigem Urteil wohl feinsinnige Therapeuten waren. Sie sprechen von den *logismoi* (gr.) – den *cogitationes* (lat.) – den unguten Gedanken, die sich eines Menschen bemächtigen können. Gerade in der Einsamkeit der Wüste, wenn sich ein Mensch reduziert und konzentriert, treten sie an ihn heran, prüfen und erproben ihn. Sie sind Stimmen, die zum Aufgeben motivieren: Verlasse doch wieder die Einsamkeit! Oder: Stille deinen Hunger, indem du ins nächste Dorf in ein Gasthaus gehst! Oder: Behalte das Geschenk, das du bekommen hast, für dich. Gib es nicht an die Armen weiter!

Wir können das auf heute übertragen, wenn man bisweilen hört oder im Internetkommentar liest: „So schlecht war Hitler auch nicht, er hat Autobahnen gebaut und die Arbeitslosigkeit beendet!" Oder: „Es ist doch egal, wo die T-Shirts, die du kaufst, hergestellt wurden. Ungerecht geht es überall zu." Oder: „Die Prostitution hat es schon immer gegeben. Sie ist ein wichtiges gesellschaftliches Ventil gegen Gewalt und in unserem Land wird keine Frau dazu gezwungen."

Die Wüstenväter sind davon überzeugt, dass die bösen Gedanken Dämonen seien, böse Geister, die zur Erprobung dienen und mit denen es zu kämpfen gilt. Wenn es gelingt, ihnen zu widerstehen, gelange man Schritt für Schritt zur Herzensruhe.

Wichtig dabei erscheint mir, dass diese Einflüsterungen von außen auf uns zukommen. Sie sind also nicht Teil von uns. Vielmehr sind wir es, die ihnen in unserem Leben Raum geben können oder eben auch nicht. Wir sie auch abwehren, ja sogar den Kampf mit ihnen aufnehmen.

Letzteres empfiehlt uns Benedikt, wenn er denjenigen lobt, der „den arglistigen Teufel, der ihm etwas einflüstert, samt seiner Einflüsterung vom Auge seines Herzens wegstößt, ihn zunichtemacht, seine Gedankenbrut packt und sie an Christus zerschmettert." (RB Prol 28)

Ich glaube, auch Johannes hätte diese Vorgehensweise gefallen. Benedikt greift dabei auf Psalm 137,8–9 zurück. Dort wünscht sich der Beter, der sich in der babylonischen Gefangenschaft befindet: „Tochter Babel, Verwüsterin du, gesegnet, wer dir vergilt, was du uns Böses getan! Gesegnet, wer deine Kinder ergreift und sie zerschellt an dem Felsen!"

Benedikt deutet die Stelle allegorisch. Babel ist für ihn die diabolische Macht, die den Mönch durch Einflüsterungen in Versuchung führt. Hier ist er übrigens ganz nah an den Bildern der Apokalypse, wenn wir an die Hure Babylon zurückdenken. Ihre Gedankenbrut, die die gute Seele, das heile Herz kaputt machen können, gilt es, mit aller Kraft abzuwehren. Der Mönchsvater empfiehlt sogar die konkrete Aktion: Die Gedankenbrut zu packen und sie an Christus, dem Felsen, zu zerschmettern.

Zum einen ist es möglich, den bösen Gedanken gute Gedanken entgegenzusetzen, sodass diese gleichsam das Herz erfüllen und für die Dämonen kein Platz mehr ist. Auch hier stützt sich Benedikt auf die Weisheit der Wüstenväter, die die Praxis der Widerrede kannten. Schriftzitate werden den bösen Gedanken entgegengeschmettert. So empfiehlt der Mönchsvater etwa sexuelle Versuchungen abzuwehren, indem man sich mit dem Psalmvers der Gegenwart Gottes vergewissert: „Herr, offenbar ist Dir mein Verlangen, mein Seufzen ist nicht verborgen vor Dir." (Ps 38,10; vgl. RB 7,23)

Ein ebenso bewährtes Mittel ist für Benedikt die Herzenseröffnung. Das meint, der Mönch spricht mit einem erfahrenen geistlichen Vater über seine unguten Gedanken. (Vgl. RB 4,50) Indem diese ausgesprochen, ins Wort gebracht und miteinander geistlich reflektiert werden, verlieren sie ihre exklusive Macht. Dies ist eine Erfahrung, von der der Erfolg jeder therapeutischen Begleitung abhängt. Wenn jemand beispielsweise einem Vertrauten mitteilt, dass er von pornografischen Seiten im Internet nicht mehr loskommt, ja regelrecht eine Abhängigkeit spürt, dann bringt er seine Not ins Wort und der Prozess der Lösung und Heilung kann beginnen. Indem die Not mitgeteilt wird, treten die schlechten Gedanken aus der Verborgenheit und dem Schutz des eigenen Herzens heraus und werden zur Diskussion gestellt. Eine konstruktive Auseinandersetzung damit kann beginnen. Lösungswege können gesucht und beschritten werden. Das „Es" verliert an Macht und Einfluss.

Dieser konfrontative Umgang mit den Einflüsterungen des Bösen lässt sich auf viele Bereiche unseres Lebens übertragen bis hin zu Hasskommentaren im Internet, die angsteinflößende Bedrohungen enthalten. Wir können das Rad der Digitalisierung nicht zurückdrehen. Das wäre auch nicht wünschenswert, wenn wir an all das Gute denken, was sie uns ermöglicht. Aber wir müssen uns damit kritisch auseinandersetzen, wer hinter konkreten Vorgängen steht und welche Absichten damit verfolgt werden. Diese können, wie gesagt, gut, aber auch böse sein. Schließlich kann man eines dem Teufel nicht nachsagen, „dass er faul wäre". Allerdings, und das ist tröstlich, hat das „diabolische Es", wie ich ihn lieber nenne, nicht grenzenlose Macht. Davon ist auch Johannes überzeugt, wie uns das nächste Bild zeigen wird.

Die Schwangere in Geburtswehen

„Lasst uns mit euren Bäuchen in Ruhe!", so titelte vor einigen Jahren eine Tageszeitung. Das Blatt kritisierte, dass es bei Topmodels in Mode gekommen ist, sich in der Schwangerschaft leicht bekleidet auf den Titelseiten von Zeitschriften abbilden zu lassen, da die ganze Welt Interesse daran zu haben scheint, wenn ein Star schwanger ist. Inzwischen ist das sogenannte Babybauchshooting allgemeiner Brauch geworden.

Mich jedenfalls freut es, wenn ich eine schwangere Frau sehe. Sie ist für mich ein Hoffnungszeichen, dass Menschen an ihr Kind und damit an die Zukunft glauben. Neues Leben darf in der werdenden Mutter heranwachsen. Nicht umsonst hat man früher über eine schwangere Frau gesagt, dass sie „guter Hoffnung" ist. Und nicht von ungefähr hat Gustav Klimt die Hoffnung als Schwangere dargestellt.

Unser Wort „hoffen" kommt vom mittelhochdeutschen „hopen" und meinte ursprünglich „hüpfen, vor Erwartung unruhig springen, zappeln". Wer guter Hoffnung ist, in dem bewegt sich etwas, in dem drängt etwas zu neuem Leben. Manchmal sagen wir ja auch: „Ich muss mit dieser Idee erst einmal eine Zeit lang schwanger gehen". Das zeigt, dass es auch mühsam sein kann.

Jede Geburtsgeschichte hat ihre Höhen und Tiefen, auch daran denke ich, wenn ich eine schwangere Frau sehe. Macht sich das Kind schon bemerkbar? Wird die werdende Mutter von Übelkeit geplagt? Kann sie nachts noch gut schlafen? Muss sie die letzten Wochen vor der Entbindung liegend verbringen? …?

Wir wissen, eine glückliche Geburt ist und bleibt immer ein Geschenk und ein Wunder. Sie ist keine Selbstverständlichkeit. Wie oft berichten mir Eltern voller Trauer, dass sie ihr Kind durch einen Abgang in den ersten Wochen der Schwangerschaft verloren haben. Noch schlimmer ist es, wenn ein Baby kurz nach der Entbindung stirbt.

Viele ungewisse Sorgen können während der Schwangerschaft werdende Eltern plagen, wenn das Kind z. B. im Mutterleib nicht richtig liegt bzw. eine diffuse Diagnose über seine zukünftige Gesundheit gestellt wird. Und auch bei der Entbindung geht nicht immer alles glatt und schon gar nicht schmerzfrei zu. Stundenlange Vorwehen mit heftigen Schmerzen können zermürben. Häufig muss dann der Kaiserschnitt als Entbindungsmethode gewählt werden, um Schlimmeres zu verhindern.

All das schwingt bei mir mit, wenn Johannes eine schwangere Frau sieht, die in Wehen und unter Geburtsqualen leidet: Sie ist guter Hoffnung, aber das bedeutet nicht nur große Freude, sondern auch schrecklicher Kampf und qualvolle Schmerzen.

Dann erschien ein großes Zeichen am Himmel: Eine Frau, mit der Sonne bekleidet, unter ihren Füßen der Mond und auf ihrem Haupt ein Kranz von zwölf Sternen. Sie war schwanger und schrie in Wehen und Geburtsqualen. Noch ein anderes Zeichen erschien am Himmel: Ein großer, feuerroter Drache mit sieben Köpfen und zehn Hörnern und mit sieben Diademen auf seinen Köpfen. Sein Schwanz fegte ein Drittel der Sterne vom Himmel und warf sie auf die Erde. Der Drache stand vor der Frau, die gebären sollte, um gleich nach der Geburt ihr Kind zu verschlingen. Und sie gebar ein Kind, einen Sohn, der über alle Völker mit eisernem Zepter herrschen wird. Und ihr Kind wurde zu Gott und zu seinem Thron entrückt. Die Frau aber floh in die Wüste zu einer Stätte, die Gott ihr bereitet hatte. Dort wird man sie mit Nahrung versorgen, zwölfhundertsechzig Tage lang. Da begann ein Kampf im Himmel: Michael und seine Engel erhoben sich, um mit dem Drachen Krieg zu führen. Der Drache und seine Engel kämpften, aber er vermochte nichts und es gab keinen Ort mehr im Himmel für sie. Und der große Drache wurde gestürzt, die alte Schlange, die Teufel heißt und Satan und die ganze Welt verführt; er wurde auf die Erde gestürzt und seine Engel wurden mit ihm gestürzt. Da hörte ich eine gewaltige Stimme im Himmel rufen: Jetzt ist gekommen das Heil und die Kraft / und die Herrschaft unseres Gottes / und die Macht seines Gesalbten; denn gestürzt wurde der Ankläger unserer Brüder, / der sie vor unserem Gott Tag und Nacht verklagt. Sie haben ihn besiegt durch das Blut des Lammes / und durch das Wort ihres Zeugnisses. / Sie liebten ihr Leben nicht bis in den Tod.

Apk 12,1–11

Die Szene spielt sich nicht im, sondern am Himmel ab und scheint großes Kino zu sein. Mit Johannes sehen wir eine Art Himmelskönigin, die mit Sonne, Mond und zwölf Sternen geschmückt ist: Eine strahlende Lichtfrau mit den Himmelskörpern geziert, der überhaupt nichts Finsteres anhaftet, so könnten wir sagen. Was hat es mit ihr auf sich?

Offensichtlich greift Johannes orientalische und griechische Mythen und ihre Bilder auf. So gab es sowohl in Ägypten als auch in Kleinasien die Kunde von der Himmelsgöttin, die täglich die Sonne zur Welt bringt und dabei von einem Drachen der Finsternis bedroht wird, der diese verschlingen will. Auch könnte eine reale Gestirnkonstellation dem Bild zugrunde liegen. Wenn die Sonne in das Zeichen der Jungfrau tritt, dann steht am Nachthimmel der Mond zu ihren Füßen. Auch Jesus spricht von Himmelszeichen, die sich in der Endzeit ereignen werden: Die Sonne werde sich verfinstern, der Mond nicht mehr scheinen und die Sterne werden vom Himmel fallen. (Vgl. Mk 13,24) Damit wird eine Situation der Orientierungslosigkeit, eines dunklen Chaos, gezeichnet. Johannes nimmt vielleicht diesen Gedanken auf, wenn er die Sonnenfrau vom Chaosdrachen bedroht sieht.

Aber bleiben wir zunächst noch bei der Deutung der Frau, die aufgrund ihrer Attribute offensichtlich für den ganzen Kosmos wichtig ist, sodass Johannes vom großen Zeichen spricht, das am Himmel erscheint. Zunächst können wir in ihr das neue Gottesvolk sehen, das aus Israel hervorgegangen ist. Darauf weisen die zwölf Sterne als Symbol für die zwölf Stämme hin. (Vgl. Gen 37,9) Schon im Alten Testament wurde das Volk Israel als Frau bzw. Braut Gottes tituliert. (Vgl. Jes 54; Jer 2,1f; Ez 16; Hos 1f) In diesem Zusammenhang nimmt die himmlische Figur die Traditionen auf, in denen das neue Gottesvolk, das aus Israel hervorgegangen ist, genau wie Israel auch, Gott zum Bräutigam habe. Wir werden diesen Gedanken im Abschusskapitel noch ausführlicher betrachten.

In der Auslegungsgeschichte wurde die himmlische Sonnenfrau mit Maria, der Mutter Jesu gleichgesetzt. Entsprechend wurde sie dann auch in der Kunst als Himmelskönigin dargestellt. Indem sie ihr „Ja" spricht und so zur Mutter des Gottessohnes wird und diesen zur Welt bringt, ist sie Vorbild für die Gläubigen. Das gleiche gilt für ihr treues Ausharren unter dem Kreuz. Wie der Stand der Sonne bei Tag, bzw. die

Sterne und der Mond in der Nacht, gibt sie durch ihr Beispiel den Christen Orientierung. Mit ihrem vorbildlichen Gottvertrauen wird Maria zum Urbild der Kirche, der Gemeinschaft der Glaubenden. Aber das steht freilich alles schon nicht mehr im Text der Apokalypse, sondern ist bereits deren Auslegungsgeschichte. Es wird deutlich: Das große Zeichen am Himmel, das Johannes sieht, ist vielschichtig und lässt weiterführende Deutungen zu.

Zurück zum Bibeltext: Die schwangere Sonnenfrau steht kurz vor der Entbindung. Die Geburtswehen haben bereits eingesetzt. Sie schreit vor Schmerzen. Wir werden Zeugen einer hochbrisanten Situation, zumal niemand da ist, der ihr bei der Entbindung helfen könnte.

Vielmehr – und das steigert die Dramaturgie ins Unerträgliche – erscheint nun am Himmel ein zweites Zeichen. Johannes sieht einen großen, feuerroten Drachen, der mit seinem Schwanz imstande ist, einen Teil der Sterne einfach hinwegzufegen: Was für eine bedrohliche Chaosmacht, die das Sternenbild, also die Punkte, die in der Nacht Orientierung bringen, durcheinanderwirbelt! Seine rote Farbe deutet auf gewaltige Aggression und blutigen Mord hin. Zerstörung und Vernichtung sind sein Ziel. Sehr bedrohlich und unheimlich schaut er aus mit seinen sieben Köpfen und den zehn Hörnern, die uns schon bekannt sind, wenn wir an das Tier denken, auf dem die Hure Babylon reitet. Wiederum ist Johannes in seiner Schau inspiriert von Mythen seiner Umwelt. Das Tier erinnert an das vielköpfige Seeungeheuer Hydra, das von Herkules besiegt wurde. Aber auch Python, die riesige Seeschlange, die von Apollon und Artemis getötet wurde, wird den Zeitgenossen des Johannes beim Hören seines Textes in den Sinn gekommen sein. Astronomisch interessant ist, dass dem Sternbild der Jungfrau das Sternbild der Wasserschlange

Python gegenübersteht. Vielleicht ist das der Ursprung dieser drastischen Konfrontation am Himmel.

Schriftkundige Judenchristen werden an den Leviathan, das Seeungeheuer aus den unheimlichen Tiefen des Meeres gedacht haben (vgl. Ps 74,14; Hi 7,12; Am 9,3). In der griechischen Übersetzung der hebräischen Bibel wurde der Begriff Leviathan mit *drakon* – „Drache" übersetzt. Für das Nichtseefahrervolk Israel stellten das Meer und alles, was sich in seinen Untiefen an ungeheuerlichen Geschöpfen verbirgt, chaotische und zerstörerische Mächte dar. Offensichtlich ließ sich Johannes sowohl von den Mythen seiner Umwelt als auch von den Bildern seiner Bibel inspirieren, um ein ausdrucksstarkes Bild des Bösen zu zeichnen in der Kontroverse zur Frau, die „guter Hoffnung" ist.

Ziel des Drachen ist es, das Kind, sobald es den Mutterleib verlässt, mit Haut und Haar zu verschlingen. Es muss schnellstmöglich ausgemerzt werden! Und sein mörderischer Plan scheint aufzugehen, sehen wir doch niemanden, der die Schwangere vor ihm beschützen könnte.

Die Himmelsfrau schreit laut in Geburtswehen – auch dieses Schreien geht zu Herzen und hat Vorbilder im Alten Testament. So berichtet der Prophet Micha, dass die Tochter Zion unter Geburtswehen zu Gott klagt. (Vgl. Mi 4,9) Auch Jesus benutzt das Bild der Wehen als Zeichen der beginnenden Endzeit. (Vgl. Mk 13,8) Wenn nun die Frau schreit und leidet, dann ist in ihr die Situation der Christengemeinde dargestellt. In aller gegenwärtigen Bedrängnis, in all dem, was den Zeitgenossen des Johannes schwere Schmerzen zufügt und ihr Leben bedroht, gilt es auszuhalten, so wie die Schwangere aushalten muss, bis das Kind geboren ist.

Und so kommt es zur dramatischen Geburt des Kindes. Eigens wird hinzugefügt, dass ein Sohn entbunden wird. Er

wird die Macht an sich reißen und als zukünftiger Welten-
herrscher einmal mit einem eisernen Zepter regieren. (Vgl.
Apk 12,5; Jes 7,14; 66,7; Ps 2,9) Vor diesem Hintergrund ist
die aggressive Feindschaft des Drachens zu verstehen: Gegen
seine beeindruckenden sieben Diademe, die seine Köpfe zieren und seinen Machtanspruch unterstreichen, erhebt sich ein
eisernes Zepter, das dem Neugeborenen überreicht werden
wird. Das Kind wird sein unerbittlicher Gegner sein, der die
Macht sichtbar in Händen halten wird und den teuflischen
Anspruch auf die Weltenherrschaft des Drachens zunichtemachen kann. Daher will der Drache das Neugeborene so
schnell wie möglich auffressen. Ich finde dieses Bild sehr ausdrucksstark. Wenn wir es ins Allgemeine übertragen und in
einem Satz zusammenfassen, bedeutet es: Das Böse will die
gute Hoffnung verschlingen!

In dieser hochdramatischen Situation der ausweglosen Bedrohung, in der sich die Mutter und das neugeborene Kind
befinden, ergreift nun Gott selbst Initiative. Zunächst einmal
wird das Kind in Sicherheit gebracht. Es wird zu Gott und
seinem Thron entrückt. Wie das geschieht, wird uns nicht
verraten, aber die passivische Wendung verdeutlicht, dass
wiederum Gott souverän am Werk ist und im Hintergrund
Regie führt. *Er* ist der Herr der Geschichte. Die Botschaft ist
eindeutig: Mit dem Kind wird das neue Leben und mit ihm
jede Hoffnung auf eine gute Zukunft bei Gott inthronisiert!
Das Böse hat keine Chance, endgültig zu vernichten. Der Drache kann den Gottessohn nicht bezwingen. Dessen Erhöhung
bedeutet, dass auch er, der Drache, in der Bedrohung des Todes lebt!

Und auch der Mutter gelingt es, dem allen zu entrinnen.
Sie flieht an eine Stätte in der Wüste, die Gott höchstpersönlich
für sie bereitet hat. Zwar bleibt sie der Bedrohung durch den

Drachen weiterhin ausgesetzt, doch Gott selbst kümmert sich um sie, wie er einst den Propheten Elija in der Wüste durch Engel und Raben versorgte (vgl. 1 Kön 17,2–6; 19,5) und wie er seinem Volk Israel Manna und Wachteln zu essen gab (vgl. Ex 16). Gott lässt die Bedrohten nicht im Stich. Er ist treu. 1260 Tage lang muss die Mutter dort aushalten. Dies ist eine Zwischenzeit von dreieinhalb Jahren; eine Zeitspanne, die immer wieder in der Apokalypse vorkommt. (Vgl. Apk 11,3; 13,5) Es ist keine erfüllte Zeit – dafür würden sieben Jahre stehen –, sondern eine Zeit des Ausharrens, eben nur die Hälfte. Dreieinhalb Jahre ist der Himmel zur Zeit des Elija verschlossen, sodass Gott Elija zu einer Witwe schickt, die ihn versorgt. (Vgl. 1Kön 17,1–10; Lk 3,35) Vielleicht denkt Johannes auch an die Regierungszeit des babylonischen Königs Antiochus, der von 167–164 v. Chr. exakt dreieinhalb Jahre lang Israel unterdrückte. (Vgl. Dan 7,15; 12,7) Die symbolische Zeitangabe in der Bibel bedeutet also, die Zeit der Bedrohung ist für die Heilsgemeinde begrenzt. Am Ende dieser Zwischenzeit wird Gott auch auf der Erde siegen und die Fülle der Zeiten heraufführen.

Wenn wir nun in dieser Frau und Mutter die verfolgten Christengemeinden sehen, dann ist die Botschaft, die die Szene vermittelt, trotz aller Bedrohlichkeit hoffnungsfroh. In eigene Worte gefasst könnte sie heißen: Habt keine Angst vor aller Bedrängnis. Auch wenn ihr wegen eures Glaubens verfolgt werdet, das Böse wird nicht siegen. Haltet aus in der Wüste. Mit der Thronbesteigung des Kindes, mit der Auferstehung Jesu, ist die Macht des Bösen besiegt!

Nichts anderes bringt die folgende Szene zum Ausdruck. Der Drache wird nun auch im Text mit dem Teufel gleichgesetzt. Wörtlich heißt es: „Und der große Drache wurde gestürzt, die alte Schlange, die Teufel heißt und Satan und die ganze Welt verführt." (Apk 12,9) Zusammen mit seinen Engeln, dem Engel Michael und seiner Gefolgschaft, wird er besiegt, aus dem Himmel herausgeworfen und auf die Erde hinabgestürzt. Michael heißt auf Deutsch: „Wer ist wie Gott?" Das erfährt nun der Drache, der sich zusammen mit seinen zwei Gefährten göttliche Macht angemaßt hatte. Hochmut kommt eben vor dem Fall ...

Es ist interessant, dass die Szene in der Mitte der Apokalypse steht. Zugleich ist sie der Beginn einer zweiten Visionenreihe. Das signalisiert einen Höhe- und Wendepunkt und enthält für die Gläubigen, damals wie heute, wichtige Aussagen.

Zum einen ruft uns Johannes zu: Gebt die Hoffnung nicht auf! Haltet durch! Gott wird alles zum guten Ende führen. Er sorgt für Euch und eine gute Zukunft. Zum anderen wird deutlich, dass das Böse nicht das Gegenüber Gottes, oder wie es so oft heißt, dessen Widersacher ist. Zwar wendet sich das Böse gegen den Plan Gottes, und doch hat es seinen Platz ursprünglich im Himmel, ist also zumindest von Gott zugelassen.

Wenn das Böse die Frau und das werdende Leben bedroht, dann ist es ein Gegenüber des Menschen. Es hat etwas mit uns Menschen zu tun und kämpft gegen den Plan, den Gott mit dem Menschen hat. Wir könnten auch sagen, dass das Böse in der Freiheit von uns Menschen angelegt ist, indem wir die Möglichkeit haben, uns auch vom Plan Gottes abzuwenden.

Dabei gibt Johannes in seiner Apokalypse keine Antwort darauf, woher das Böse kommt und warum es das Böse gibt und welches Wesen es hat. Auch das letzte Buch der Bibel lässt diese Frage offen.

Viel wichtiger als die Herkunft des Bösen ist die folgende Aussage: In seinem Sohn und durch dessen Menschwerdung rettet Gott den Menschen. Auch wenn die Gemeinschaft der Gläubigen von bösen Mächten bedroht wird, sorgt er sich um sie. Es gilt, vertrauensvoll in der Wüste auszuharren, bis Gott alles zum guten Ende führt.

Damit wird klar, was Johannes sieht: Der Kampf zwischen Gut und Böse hat sich vom Himmel auf die Erde verlagert. Mit der Frau in der Wüste stehen wir mitten in diesem Konflikt und spüren, dass wir selbst nicht viel machen können, außer in guter Hoffnung durchzuhalten. Durch Menschenhand ist diese Welt letztlich nicht zu retten. Nur Gott allein kann das Böse besiegen.

Hoffnung statt Verzweiflung

Weihnachten hat für mich in den letzten Jahren zunehmend an Bedeutung gewonnen. Noch vor ein paar Jahren war mir das Fest mit seinem umfangreichen Brauchtum viel zu emotional überladen. Die ausgeprägte Lichtsymbolik in der dunkelsten Jahreszeit und ihre romantischen Ausgestaltungen wie Adventskranz, Kerzenscheingottesdienste, erleuchtete Christbäume und Häuser und dergleichen sprachen mich nur wenig an. Hinzu kam die Ausrichtung auf das Kind in der Krippe, das als „holder Knabe im lockigen Haar" besungen wird, und vieles andere mehr, das die Gemüter der Menschen erwärmt und oft in furchtbarem Kitsch endet, wenn ich an manches Krippenspiel denke ... Weihnachten war einfach nicht mein Fest.

Heute ist es anders. Für mich ist Weihnachten ein wichtiges Fest geworden. Wir feiern Geburtstag, das Fest des Anfangs. Ein Mensch erblickt das Licht der Welt. Eine Geburt ist immer ein Hoffnungszeichen, ein Zeichen dafür, dass das Leben weitergeht. So freue ich mich, wenn Eltern mir ihr neugeborenes Kind beim Taufgespräch in die Arme legen. Für mich bedeutet das: Gott fängt immer wieder neu und klein mit dem konkreten Leben an. Darauf verweist nicht zuletzt das Geburtsfest seines Sohnes. Dieser kommt nicht als erwachsener Mann zur Welt, sondern er geht den Weg des Menschen, ja er geht den Weg des Lebens: Er ist neun Monate im Mutterleib, durchlebt das hilflose Säuglingsalter, die Kindheit als Zeit des Lernens und die Jugend als Phase des Ausprobierens und (Sich) Suchens, mit allem, was zur Pubertät dazugehört, bis hin zum mühsamen Erwachsenwerden. Gott lässt sich Zeit mit seiner Menschwerdung, er nimmt sich dafür Zeit und er hat die Zeit. Das ist das eine, was mich an Weihnachten heute beeindruckt und anspricht: Gott fängt klein an und hat Zeit!

Zudem fasziniert mich zunehmend die Jahreszeit, in der das Weihnachtsfest in unseren Breitengraden begangen wird. Unweigerlich werden im Spätjahr die Tage kürzer und die Nächte länger. Welche Ängste muss das in früheren Zeiten bei den Menschen ausgelöst haben, als man noch davon ausging, dass die Erde eine Scheibe sei und die Sonne nach ihrem Untergang am Abend immer länger in dieser dunklen Zeit die Unterwelt durchwandern muss. Allabendlich stellte sich die Frage neu: Wird die Sonne wieder aufgehen oder wird der Tod sie verschlingen? Ist es das Ende des Lebens, wenn es kein Licht mehr gibt?

Nicht von ungefähr wurde schon in der Antike am 25. Dezember, am Tag der Sonnenwende, der Tag des unbesiegten Sonnengottes (lat. *sol invictus*) gefeiert. Später dann wurde der Geburtstag Jesu auf diesen Tag gelegt. Die Botschaft ist ausdrucksstark: So wie die Sonne nicht durch die Nacht und die Dunkelheit, nicht durch die Mächte des Todes besiegt wird, so wird auch dieses Kind nicht von ihnen besiegt. Von seiner Geburt an, mit seinem Lebensanfang, wird es Tag für Tag heller, nimmt das Licht immer mehr zu, sodass Dunkelheit und Nacht keine Chance haben. Wir könnten auch sagen: Das Kind ist ein echter Lichtblick. Und mit der Geburt seines Sohnes als Mensch spricht Gott sein „Ja" zu allem, was lebt. Er ist wie die unbesiegte Sonne, deren Licht und Wärme nach dem Winter im Frühling Leben in Fülle garantieren. Doch damit nicht genug: Durch die Menschwerdung seines Sohnes gibt sich Gott selbst in die Schöpfung hinein, wird Teil von dieser und zeigt den Lauf der Welt auf: Er führt nicht in den Tod; der Drache hat nur bedingte Macht auf der Erde. Gott macht etwas Neues! Das ist die Botschaft von Weihnachten, die, österlich eingefärbt, mir große Hoffnung macht. Und diese hoffnungsfrohe Zukunftsperspektive skizziert der Seher Johannes auf seine Weise im Bild von der schwangeren Lichtfrau, die unter Schmerzen ihr Kind zur Welt bringt. Dieses wird nicht von der Chaosmacht verschlungen, sondern hat, wie wir gesehen haben, seinen Platz auf Gottes Thron. Das ist die Nahrung, die der Frau, und mit ihr der Gemeinschaft der Gläubigen, hilft, in der Wüste gleichsam zu verharren.

Diese Nahrung hilft auch uns. Wir leben in einer umfassenden Krisenzeit. Kein Lebensbereich scheint ausgeschlossen zu sein. Ein Zeitalter geht zu Ende und wir wissen nicht, was kommen wird. Vieles beschäftigt uns und macht uns Sorgen, wie es auch schon in den Kapiteln zuvor angeklungen ist. So viele Fragen stellen sich uns: Wird z. B. die demokratische Idee Bestand haben oder wird es in Zukunft auch bei uns in Mitteleuropa andere Staats- und Herrschaftsformen geben? Manche menschenverachtenden, autokratischen Systeme und Diktaturen weisen darauf hin … Wird sich die Menschheit durch einen Atomkrieg oder durch den Klimawandel selbst auslöschen? Wohin führen uns die Digitalisierung und die künstliche Intelligenz? Und nicht zuletzt: Wie wird es mit der Gemeinschaft der Glaubenden weitergehen? Hat die Kirche, so wie wir sie kennen, eine Zukunft? Wird das Christentum in Europa und Nordamerika zu Ende gehen, so wie viele Religionen vor ihm?

Die Liste ließe sich endlos weiterführen. So vieles liegt im Dunkeln und bei vielen in der Bevölkerung machen sich Angst, Verzweiflung, Depression und Resignation breit. Beispielhaft dafür ist für mich ein junges Ehepaar, das ihren Eltern voller Glück erzählte, dass sie ein Kind bekommen würden. Die Reaktion der werdenden Großeltern kam unerwartet. Statt Freude herrschte bitteres Entsetzen, das in dem Vorwurf gipfelte: „Wie kann man nur in dieser Zeit ein Kind in die Welt setzen. Das ist unverantwortlich!" Als ich das hörte, fühlte ich mich in die 1980er-Jahre zurückversetzt. Damals hatte ich als Jugendlicher schon einmal eine solche Antwort gehört, als das Wettrüsten zwischen Ost und West auf dem Höhepunkt war und ein atomarer Krieg drohte. Ja, wie kann man nur in dieser Zeit Kinder in die Welt setzen?!

Gott setzt in dieser Zeit ein Kind in die Welt. Und das geschah nicht nur vor 2000 Jahren. Johannes sieht es als großes Zeichen am Himmel und sagt uns damit: Weihnachten geschieht immer wieder neu. Er erlebt es auf Patmos. Analog zur *resurrectio continua*, der sich fortsetzenden Auferstehung, könnten wir ebenso von der *incarnatio continua*, der sich fortsetzenden „Einfleischung" bzw. „Menschwerdung", sprechen.

Gott setzt ein Kind in die Welt. Und das ist nicht unverantwortlich, so lautet die Botschaft des Sehers Johannes, denn Gott kümmert sich um dieses Kind und um seine Mutter.

Nun verstehen wir vielleicht besser, warum diese Frau geziert ist mit Sonne, Mond und Sternen. Für die Seefahrer waren die Gestirne bei Tag und bei Nacht wichtige Orientierungspunkte. Gott zeigt den Weg an, wenn er ein Kind in die Welt setzt, wenn er immer wieder im Kleinen neu anfängt und sich dabei Zeit nimmt und Zeit lässt. Menschwerdung beginnt im Kleinen und braucht Zeit zum Wachstum. Wie viele wichtige gesellschaftliche Bewegungen haben zunächst klein angefangen und Zeit gebraucht, etwa die Arbeiterbewegung im 19. Jahrhundert, die zum Sozialstaat geführt hat, die Versöhnungsarbeit, die nach dem Zweiten Weltkrieg die Vision von einem vereinten Europa hatte, die Umweltbewegung der 1970er-Jahre, die zu einem ökologischen Bewusstsein führte, usw. Wie viel Kampf und Auseinandersetzung, wie viel Herzblut und Engagement, wie viel langer Atem und wie viele Rückschläge waren dafür nötig. Nichts anderes sind die schmerzvollen Geburtswehen, die die Frau quälen. Und immer wird das Kleine von scheinbar mächtigen und bestimmenden Systemen, die der Drache mit seinen sieben Köpfen und zehn Hörnern verkörpert, bedroht. Einen Teil der Sterne fegt er vom Himmel, aber nur einen Teil; ein Funke Hoffnung bleibt! An dieser Stelle kommt mir das geflügelte Wort in den Sinn, das Martin Luther zugeschrieben wird: „Auch wenn ich wüsste, dass morgen die Welt untergeht, würde ich heute noch einen Apfelbaum pflanzen." Es genügen die verbleibenden Sterne am Himmel, die Sonne und der Mond, die die Frau zieren, um die Hoffnung nicht aufzugeben.

Gott setzt ein Kind in die Welt in der sich fortsetzenden Menschwerdung, die uns immer wieder neu aufgegeben ist. Wir könnten auch sagen: Gott selbst ist guter Hoffnung. Er geht schwanger mit seinem Plan für seine Welt, die nicht vom Chaos verschlungen werden soll. Er sagt nicht: „Lasst mich mit euren Bäuchen in Ruhe!" Er hat Interesse am neuen Leben, das entsteht und immer neu wird. Welche Ermutigung ist das für die Frau, für das neue Gottesvolk, das in die Wüste flüchten musste! Gebt nicht auf! Glaubt an euer Kind!

Gott setzt ein Kind in die Welt aus Verantwortung für die Welt, so könnten wir sagen. Das ist das Hoffnungsfrohe am großen Zeichen, das Johannes am Himmel sieht.

In der Kunst wird die Hoffnung häufig mit einem Anker dargestellt. Wenn ein Schiff den Anker wirft, dann muss dieser sich am Meeresgrund verhaken. In sich selbst kann man nicht ankern. Nur eine andere Wirklichkeit gibt in Sturm und Wellen Halt und Sicherheit. Das Kind, das auf den himmlischen Thron entrückt wird und von dem es heißt, dass es mit eisernem Zepter alle Völker regieren wird, ist ein Hoffnungszeichen für die Christen zu *jeder* Zeit: Verankert euer Leben in der Wirklichkeit Gottes, mit diesem Kind habt ihr schon längst euren Platz bei Gott. Verankert euch auf seinem Thron. Gegen alle Bedrohung, Verzweiflung und Resignation macht Johannes mit dieser Vision Mut, durchzuhalten und an seinen Träumen von einer anderen Welt festzuhalten. Er motiviert zur Menschwerdung, dazu, immer wieder im Kleinen anzufangen und sich Zeit zu lassen in großem Vertrauen darauf, dass Gott die Fäden in Händen hält.

Der Anker ist ein starkes Attribut und erinnert an eines der Werkzeuge der geistlichen Kunst, die Benedikt uns Mönchen an die Hand gibt, wenn er empfiehlt: „Seine Hoffnung Gott anvertrauen." (RB 4,41) Dieses Wort bewegt mich schon lange und ich frage mich immer wieder: Was ist meine Hoffnung? Was macht mir Hoffnung? Wer sind Hoffnungsträger für mich? Mit wem oder was gehe ich schwanger? Was bewegt sich in mir, drängt zu neuem Leben? Wer sind Menschen in meinem Umfeld, die „guter Hoffnung" sind?

All das soll ich nicht für mich behalten, sondern Gott anvertrauen. Im Lateinischen steht *committere*, was zunächst „zusammenführen, verbinden, vereinigen" meint. Es gilt, die Hoffnung zu bündeln, sie zusammenkommen zu lassen in Gott. Wir könnten auch sagen, ich lege meine Hoffnung in seine Hände, überlasse sie ihm. Letztlich ist das eine gute Übung gegen alle Resignation und Depression, wenn wir manchmal unsere Hoffnung aufgeben müssen. Wenn ich sie zuvor Gott anvertraut habe, dann ist sie bei ihm gut aufgehoben und kann nicht mehr vom Drachen verschlungen werden. Der Anker ist geworfen und gründet in Gottes Wirklichkeit.

Selbstredend ist das ein schwerer und mühsamer Reifungsprozess, der uns stets aufs Neue aufgegeben ist. Geduld ist wahrlich nicht meine Stärke, aber Gott hat sie. Gott hat Zeit, er lässt sich Zeit und er nimmt sich Zeit.

Bei unserer Profess, wenn wir uns durch die Gelübde an Gott und die monastische Lebensform binden, singen wir den Psalmvers: „Nimm mich auf nach deiner Verheißung, so werde ich leben, und lass mich zuschanden nicht werden in meiner Hoffnung." (Ps 119,116; vgl. RB 58,21) Im Lateinischen steht *suscipere* für „aufnehmen". Dieser Begriff drückt in der römischen Antike einen Rechtsakt aus. Nach der Geburt eines Neugeborenen nimmt der Vater das Kind und setzt es auf seinen Schoß. Damit nimmt er das Kind als sein Kind an. Nichts anderes, so denke ich, sieht Johannes, wenn das Kind auf Gottes Thron entrückt wird und Gott sich seiner annimmt. Die Profess ist also Vergewisserung: Ich bin Gottes geliebtes Kind! Auf seinem Schoß bin ich geborgen. Daher kann der Beter auch die Aussage treffen: „So werde ich leben!" und hinzufügen: „Lass mich in meiner Hoffnung nicht scheitern!" Im lateinischen Text der Regel steht hier das Wort *exspectatio* – „Erwartung". Eigentlich meint es die Aussicht. Die Frau, die vom Drachen bedroht wird, scheint in einer aussichtslosen Situation zu sein. Niemand ist da, der ihr hilft, niemand ist da, der sie retten würde. So ergeht es auch uns oft. Mir hilft es in solchen Situationen, meine Erwartungen ins Wort zu bringen. Welche neuen Aussichten wünsche ich mir, was erhoffe ich von Gott: Ein Wort, das den Konflikt entwirrt! Eine Hand, die aufrichtet und tröstet! Manchmal bringe ich auch nur sprachlos die Namen der Menschen vor ihn und setzte sie ihm auf den Schoß: „Du weißt, was sie brauchen. Es sind deine Kinder. Lass mich in meiner Hoffnung nicht scheitern."

Ebenso hilft es mir, in aussichtslosen Situationen konkrete Beispiele zu suchen, wie ich in ähnlichen Momenten unverhofft eine Wende erlebt habe. So muss ich unwillkürlich an eine Frau denken, die mit ihrem starken Willen und Glauben den Krebs besiegt, Schritt für Schritt mit ihrer Familie dagegen gekämpft hat und sich nun an ihren Enkelkindern erfreut. Oder wenn ich an die friedliche Revolution in der DDR denke, die ein wichtiger Baustein dafür war, dass der kalte Krieg ein Ende fand.

Gott geht oft eigenartige Wege, die wir uns selbst gar nicht vorstellen können, umso weniger in aussichtslosen Situationen. Doch die Perspektive Gottes ist oft eine andere. Darauf vertraue ich, wenn ich unseren Professvers spreche: „Nimm mich auf nach deiner Verheißung und ich werde leben. Lass mich in meiner Hoffnung nicht scheitern."

Letztlich ist das das Geheimnis von Weihnachten. Nüchtern betrachtet war es von Gott keine gute Idee, ein Kind in die Welt zu setzen. Es wurde als junger Mann am Kreuz als Verbrecher hingerichtet. Die Welt hat offensichtlich andere Gesetzmäßigkeiten. Auch diese Geschichte schreibt sich kontinuierlich fort … aber aus der Perspektive Gottes betrachtet, wenn wir zusammen mit Johannes zum Himmel schauen und das große Zeichen sehen, dann macht Weihnachten Sinn und gibt Hoffnung. „Hoffnung ist nicht die Überzeugung, dass etwas gut ausgeht, sondern die Gewissheit, dass etwas Sinn hat, egal wie es ausgeht", hat einmal der tschechische Menschenrechtler und Politiker Václav Havel (1936–2011) gesagt. Welcher tiefe Sinn hinter dem Tod des göttlichen Kindes steht, veranschaulicht uns Johannes im nächsten Bild.

Das geschlachtete Lamm

„Im Löwen gibt es zu Ostern Lamm!", war im Anzeigenteil einer hiesigen Lokalzeitung zu lesen. Ich musste über die Werbung ein wenig schmunzeln. Beide Tiere könnten gegensätzlicher nicht sein und kommen in unserer Sprache nur selten zusammen in einem Satz vor, außer wenn es eben an Ostern im Gasthaus zum Löwen Lamm gibt.

Das Lamm steht für Milde, Wehrlosigkeit und Schwäche. Wenn einer „lammfromm" ist, dann trägt er keinen Argwohn im Herzen, sondern hat großes Vertrauen, er ist duldsam und gefügsam. Wenn sich jemand nicht wehrt, sondern alles, was ihm vorgeworfen wird, sogar erlittenes Unrecht, widerstandslos hinnimmt, dann sagt man auch in Anlehnung an Jes 53,7 gern: „Er lässt sich wie ein Lamm zur Schlachtbank führen." Übrigens entspricht dies nicht dem normalen Verhalten von Lämmern, die sich sehr wohl zur Wehr setzen können. Aber wenn von einem Menschen gesagt wird, er sei wie ein Lamm oder lammfromm, dann gilt er als friedliebend, milde und bisweilen als konfliktscheu.

Der Löwe hingegen steht in unserem Leben für Stärke, Macht und Kampfbereitschaft. Er ist das königliche, majestätische Tier. In der Kunst ist er zum Attribut der Kardinaltugend Tapferkeit/Mut geworden. Wenn man sich in die sprichwörtliche „Höhle des Löwen" begibt, dann weiß man um die Gefahr und beweist seinen Mut. „Gut gebrüllt, Löwe!", heißt es in Shakespeares Sommernachtstraum. Dieses Zitat ist zur Redewendung geworden für gekonntes Formulieren und Argumentieren. Und wer den Löwenanteil bekommt, der erhält das größte Stück vom zu verteilenden Kuchen.

Daher ist es schon eigenartig, wenn in der folgenden Szene beide Tiere auf Jesus Christus übertragen werden. Erst heißt es, dass der Löwe von Juda gesiegt hat. Kurz darauf sieht Johannes ein Lamm. Was für ein Kontrast. Doch schauen wir uns die Szene einmal eingehender an:

Und ich sah in der Rechten dessen, der auf dem Thron saß, eine Buchrolle, innen und außen beschrieben und mit sieben Siegeln versiegelt. Auch sah ich einen gewaltigen Engel, der mit mächtiger Stimme rief: Wer ist würdig, die Buchrolle zu öffnen und ihre Siegel zu lösen? Aber niemand im Himmel, auf der Erde oder unter der Erde vermochte das Buch zu öffnen und darin zu lesen. Da weinte ich sehr, weil niemand für würdig befunden wurde, das Buch zu öffnen und darin zu lesen. Da sagte einer von den Ältesten zu mir: Weine nicht! Der Löwe aus dem Stamm Juda, der Spross aus der Wurzel Davids, hat gesiegt; er vermag das Buch und seine sieben Siegel zu öffnen. Und ich sah inmitten des Thrones und den vier Lebewesen und inmitten unter den Ältesten ein Lamm stehen, wie geschlachtet; es hatte sieben Hörner und sieben Augen; das sind die sieben Geister Gottes, die über die ganze Erde ausgesandt sind. Und es trat hinzu und nahm (das Buch) aus der Rechten dessen, der auf dem Thron saß. Als es das Buch genommen hatte, fielen die vier Lebewesen und die vierundzwanzig Ältesten vor dem Lamm nieder. Ein jeder trug eine Harfe und goldene Schalen voll Räucherwerk; das sind die Gebete der Heiligen. Und sie sangen ein neues Lied: Würdig bist du, / das Buch zu nehmen und seine

Siegel zu öffnen; denn du wurdest geschlachtet / und hast mit deinem Blut für Gott erkauft Menschen aus allen Stämmen und Sprachen, / aus allen Völkern und Nationen, und du hast sie für unseren Gott / zu Königen und Priestern gemacht, / und sie werden herrschen auf der Erde. Ich sah und ich hörte die Stimme vieler Engel rings um den Thron und um die Lebewesen und die Ältesten. Und ihre Zahl war zehntausendmal zehntausend und tausendmal tausend. Sie riefen mit lauter Stimme: Würdig ist das Lamm, das geschlachtet wurde, / Macht zu empfangen und Reichtum und Weisheit, / Kraft und Ehre und Herrlichkeit und Lob. Und alle Geschöpfe, im Himmel und auf der Erde und unter der Erde und auf dem Meer, alles, was es darin gibt, hörte ich sprechen: Ihm, der auf dem Thron sitzt, und dem Lamm gebühren Lobpreis und Ehre und Herrlichkeit und Macht in alle Ewigkeit. Und die vier Lebewesen sprachen: Amen. Und die Ältesten fielen nieder und beteten an.

Apk 5,1–14

Mit Johannes schauen wir nun nicht mehr etwas am Himmel, wie in der Vision zuvor, sondern wir bekommen Einblicke *in* den Himmel und in seinen Thronsaal. In der Anordnung der Apokalypse ist es für Johannes die erste große Vision, nachdem er am eigenen Leib Ostern erlebt hat. Zuvor berichtet der Seher, wie die Tür des Himmels geöffnet wurde. Auf einem wunderbaren Thron sieht er eine Lichtgestalt, deren Glanz mit dem von Edelsteinen umschrieben wird und über dem sich ein Regenbogen ausspannt: „und der da saß, war anzusehen wie Jaspisstein und Karneol. Und rings um den Thron war ein Regenbogen, anzusehen wie ein Smaragd" (Apk 4,3), heißt es wörtlich. Offensichtlich soll das Geheimnis Gottes nur vage dargestellt werden, kann und darf sich doch der Mensch von Gott kein Bild machen. Diesen Thronenden umgibt ein himmlischer Hofstaat: Vier Lebewesen mit eigenartigen Flügeln (Löwe, Stier, Mensch und Adler werden genannt) und 24 Älteste sind zu sehen. Unablässig beten sie Gott an und huldigen ihm. (Vgl. Apk 4,1–11)

Nach diesem ersten Einblick in die himmlische Welt wendet sich Johannes erneut dem geheimnisvoll Thronenden zu, der in seiner rechten Hand, die für Macht und Herrschaft steht, eine Buchrolle hält. Diese ist beidseitig beschrieben, was auf eine antike Doppelurkunde verweisen könnte. Wir wissen es nicht. Jedenfalls ist sie mit sieben Siegeln verschlossen. Offensichtlich soll sie dadurch vor unbefugtem Zugriff gut geschützt werden. Die Siebenzahl weist abermals auf Fülle und Vollständigkeit hin. Doch wer ist dazu auserkoren, wer ist würdig, wer hat die Befähigung und die Qualifikation, diese Siegel zu öffnen? Mit lauter Stimme wird diese Frage von einem gewaltigen Engel in den Raum geworfen und mit Johannes blicken wir uns suchend um, wer das sein könnte: Eines der vier Lebewesen, ein Engel, einer von den 24 Ältesten?

Bei all dem bleibt Gott als „der Thronende" überraschend passiv. Auch dieses Verhalten ist uns aus den zuvor beschriebenen Visionen bereits bekannt. Als der Allwissende braucht er offensichtlich nicht nachzufragen, wer würdig ist. Dabei stellt sich mir die Frage: Warum öffnet Gott nicht selbst die Siegel oder benennt von sich aus eine Person, die er für würdig erachtet?

Gesucht wird jemand, der seine Bereitschaft offen signalisiert, der den Geschichtsplan Gottes freiwillig vollstreckt, also das, was Gott mit der Welt vorhat. Es geht also um Freiheit bei der Öffnung dieses eigenartigen Buches. Doch weder im Himmel noch auf der Erde noch in der Unterwelt ist jemand zu finden. Kein Engel, kein Mensch, kein Dämon, nicht einmal der Drache oder die beiden Tiere melden sich zu Wort und bekunden ihre Bereitschaft. In der ganzen Schöpfung scheint es niemanden zu geben, der im Auftrag Gottes die verschlungene Weltgeschichte zu ihrer Bestimmung und zu ihrem Ziel führen könnte.

Das ist enttäuschend für den Seher: Ist somit der Mensch, die Menschheit, die Welt für immer und ewig dem Tod und den Mächten des Bösen ausgeliefert? Gibt es keine Hoffnung mehr? Und so weint Johannes bitterlich. Seine Tränen sind Ausdruck tiefer Trauer und großer Ratlosigkeit.

Doch einer der Ältesten durchbricht die deprimierende Situation und verkündet, dass ein Löwe aus dem Stamm Juda gesiegt hat (vgl. Gen 49,9), ein Spross aus der Wurzel Davids (vgl. Jes 11,10). Die Zitate aus dem Alten Testament verdeutlichen, dass es sich bei diesem Helden um den messianischen Heilskönig handeln muss, den das Volk Israel schon so lange erwartet. In der jüdischen Tradition wird der „Löwe" als Synonym für den Stamm Juda verwendet. Damals gab der Stammvater Jakob seinem Sohn Juda den Beinamen „junger Löwe", da er etwas Kämpferisches und Angriffslustiges an sich hatte. (Vgl. Gen 49,9) Zugleich soll der Messias aus der Dynastie des Davids hervorkommen, jenes kleinen Hirtenjungen, der einst den Riesen Goliath besiegte und zum wichtigsten König Israels werden sollte (1 Sam 17). Wir ahnen schon, dass es sich bei diesem Helden um Jesus von Nazareth handeln muss, aber weder sein Name noch ein christologischer Hoheitstitel wie Messias, Sohn Gottes und dergleichen wird genannt. Hier bleibt die Apokalypse im Verlauf des ganzen Werkes sehr zurückhaltend.

Wiederum folgt auf das Hören die Schau dessen, was angekündigt wurde. Aber nicht der angepriesene majestätische Löwe tritt ins Bild, sondern ein Lamm, das „wie geschlachtet" aussieht. Uns wird also kein makelloser Krieger präsentiert, wie wir ihn von vielen antiken Darstellungen her kennen. Auch hat der Messias nicht mit Kraft und Gewalt gesiegt wie ein reißender Löwe, der mit einem kühnen Sprung seine Beute erlegt. Johannes erblickt ein Lamm, „wie geschlachtet". Wir können uns vorstellen, wie dieses an den Beinen festgemacht kopfüber am Metzgerhaken hängt und das Blut aus seiner Halswunde hinausspritzt. Das Bild ist eindrücklich und verweist auf das Schicksal Jesu. Durch seine Opferbereitschaft und Lebenshingabe, die auf grausame Weise am Kreuz vollzogen wurde, hat er sich qualifiziert, oder wie wir mit den Worten der Apokalypse sagen könnten, hat er sich Würde erworben. Durch seine Wunde ist das Lamm befähigt, das Buch zu öffnen und somit im Auftrag Gottes die Weltgeschichte zu ihrem Ziel zu führen. Seine Todeswunde, Ausdruck absoluter Schwäche, wird zum Kennzeichen seines Sieges. Was für eine paradoxe Botschaft! Damit aber steht das geschlachtete Lamm ganz im Kontrast zu dem Tier aus dem Meer, dessen Verwundung geheilt wurde. Das Lamm glänzt vor Gott und seinem Hofstaat durch seine Schwachstelle: Durch seine Wunde bekommt es eine hervorgehobene Stellung im Plan Gottes mit der Welt.

An 28 Stellen wird in der Apokalypse das Symbol des Lammes für Jesus Christus verwendet. Es ist der häufigste Titel, mit dem seine Erlösungstat ins Bild gesetzt wird. Der griechische Begriff *arnion*, der auch mit „jungem Widder" wiedergegeben werden kann, kommt nur hier im Neuen Testament vor. Eindeutig erinnert das Bild an die Paschalämmer, die vor dem Auszug aus Ägypten geschlachtet wurden und deren Blut an den Türpfosten die Israeliten vor dem Todesengel bewahrte (vgl. Ex 12,3–7). So konnten sie endlich die Sklaverei und Gefangenschaft hinter sich lassen und den Auszug in die Freiheit wagen. Durch das Blut der Paschalämmer sind sie erlöst und befreit. Das feiert das Volk Israel jedes Jahr am Paschafest, dem Ursprung unseres christlichen Osterfestes.

Diese Befreiungstat übertragen die ersten Christen auf Jesus, der am Paschafest gekreuzigt wurde. (Vgl. 1 Kor 5,7; 1 Petr. 1,19) Wenn im Johannesevangelium im Unterschied zu den anderen Evangelien Jesus am Rüsttag vor dem Paschafest stirbt (vgl. Joh 19,14), während im Tempel die Paschalämmer geschlachtet werden, dann wird damit eine theologische Aussage getroffen: Er selbst ist das Lamm, das durch sein Blut erlöst und befreit (vgl. Joh 1,29.36). Indem er sein Leben am Kreuz wie ein Schlachtvieh hingibt, befreit er die Seinen vom Tod; ganz in Analogie zum Exodus-Geschehen des Volkes Israel. Dieser Gedanke wird noch weiter entfaltet: Seine Wunden, die er am Ostertag seinen Jünger freimütig zeigt und an denen sie ihn als den Auferstandenen erkennen (vgl. Joh 20,19–31), werden gleichsam zu Markenzeichen seines Wirkens: Gott hat durch die Hingabe seines Sohnes die Menschheit vom Tod erlöst. Durch sein Blut sind die Menschen aus allen Sprachen, Völkern und Nationen losgekauft, wie es im neuen Lied heißt, das der himmlische Hofstaat anstimmt.

Das Horn war schon immer ein Symbol der Stärke. (Vgl. Num 23,22; Dtn 33,17) Vor diesem Hintergrund wird die Symbolik eindeutig: Dieses Lamm hat volle, ja *alle* Macht der Welt, selbst die Macht über den Tod. Das beschriebene Lamm hat gleich sieben Hörner und kommt damit gar nicht so harmlos daher, wie man zunächst annehmen möchte. Seine sieben Augen, die Johannes daran erinnern, dass nach dem Propheten Sacharja Gott seine sieben Augen über die Erde schweifen lässt, unterstreichen seine göttlichen Allmacht und Allwissenheit noch. (Vgl. Sach 4,10) Wir könnten auch sagen: Diesem Lamm entgeht nichts, es ist wie Gott. Dank seiner Hingabe ist Jesus von Nazareth der ersehnte Messias und der Herr über die Welt und ihre Geschichte, sodass ihm alle guten Geister, die in den Versen beschrieben werden, dienen.

Mit der Übergabe der Buchrolle legt Gott unwiderruflich und endgültig die Weltherrschaft in die Hand des Lammes und somit in die Hand seines Sohnes. Von Anfang an gehört er auf den Thron, wie wir in der letzten Vision mit der Himmelskönigin schon gesehen haben.

Als Antwort erklingt nun ein gewaltiger Lobpreis, das neue Lied, in das die ganze Schöpfung einstimmt. Selbst das Meer mit seinen chaotischen und angstmachenden Bewohnern singt mit! Aus allen Völkern und Nationen sind Menschen losgekauft, denn Gottes Heil und Befreiung gilt der ganzen Menschheit. Als Könige und Priester sollen sie in Gottes Auftrag und durch seine Bevollmächtigung auf der Erde wirken. Das aber bedeutet nicht die Abkehr von der Schöpfung, sondern im Gegenteil, Verantwortung für die Welt zu übernehmen, in Gottes Namen. Während sonst in der Apokalypse die Christen immer wieder aufgerufen werden durchzuhalten und auszuhalten, sind sie nun als Priester und Könige zu aktivem Tun aufgefordert. Durch sie soll erfahrbar werden, worum es Gott geht. Wenn in diesem Zusammenhang von 10 000 mal 10 000 die Rede ist, dann bedeutet dies: Unzählige stimmen in den Lobpreis ein, sodass die himmlische Liturgie immer weiter expandiert und schließlich die ganze Menschheit umfasst.

Es lohnt sich, auch den Inhalt des Liedes kurz zu betrachten: Mit den sieben göttlichen Prädikationen wird das Lamm ganz in die Nähe Gottes gerückt; Macht, Reichtum, Weisheit, Kraft, Ehre, Herrlichkeit und Lob werden ihm zugesprochen. Näher kann man nicht an Gott herankommen und daher werfen sich vor ihm alle Geschöpfe nieder, nicht vor dem Tier aus dem Meer. Mit seinem Sohn teilt Gott seine Autorität und überlässt diesem den aktiven Teil der Endzeit.

Im geopferten Lamm kann sich auch die bedrängte Gemeinde wiederentdecken. Nicht das Gesunde und Unversehrte, sondern das Verwundete wird verehrt. Das ist zugleich massive Infragestellung des damals gängigen römischen Hofzeremoniells. Nicht der Kaiser oder seine monumentalen Abbilder, sondern das verwundete Lamm steht im Himmel im Zentrum der Verehrung. Später wird daher in der christlichen Kunst in den Apsiden der Basiliken am Platz des Kaisers das apokalyptische Lamm abgebildet werden. Aber auch in der Geschichte der Kirche war das häufig ein Problem. So wurde beispielsweise auf der Trulanischen Synode 691 auf Befehl Kaiser Justinians II. das Lamm als Symbol für Christus untersagt, da es Schwäche und Vorläufigkeit darstelle. Jesus Christus solle als vollkommener Mensch, also als Abbild des Vollkommenen gezeichnet werden. Gott sei Dank hat sich diese Anordnung nicht durchgesetzt, aber eines wird deutlich: Das Lamm als Christussymbol, das die Apokalypse in die Mitte stellt, hat in allen Zeiten provozierende Sprengkraft. Es ist stets Korrektiv für Kirche und Gesellschaft geblieben. Die Botschaft ist tiefgründig: Im Kreuz hat Gott das Schwache erwählt, um das Starke zuschanden zu machen, wie es Paulus sagt (vgl. 1 Kor 1,18–25). Und wir können mit der Deutung noch einen Schritt weitergehen: Mit dem versiegelten Buch ist unsere je eigene Lebensgeschichte dem geschlachteten Lamm anvertraut. Es ist und bleibt sprechendes Symbol für die Solidarität Gottes mit uns Menschen bis in die Nacht des Todes.

Hingabe statt Unverwundbarkeit

In der Feier der heiligen Messe hat für mich das Brotbrechen kurz vor der Kommunion besondere Bedeutung. Es ist eigenartig. Bewusst zerstört der Priester die Hostie, indem er sie in Teile zerbricht. Manchmal hört man sogar das Krachen. Eigentlich ist das brutal. Aber dieser Akt geschieht nicht mutwillig, wie man als Unwissender meinen könnte. Das Brot soll geteilt und verteilt werden, es geschieht also „Mit-Teilung" im eigentlichen Sinn des Wortes. Wir glauben, dass in Brot und Wein Jesus gegenwärtig ist mit seinem Fleisch und Blut. Wenn wir also vom Brot essen und vom Wein trinken, dann teilt sich Jesus Christus in diesen Gaben mit, dann haben wir Teil an seinem Leben, dann entsteht Kommunion – Gemeinschaft mit ihm und untereinander. Das Brotbrechen ist Voraussetzung für die Mitteilung und schafft Solidarität.

Dabei betet die Gemeinde zunächst zwei Mal: „Lamm Gottes, Du nimmst hinweg die Sünde der Welt, erbarme Dich unser." Und schließt dann mit dem dritten Ruf: „Lamm Gottes, Du nimmst hinweg die Sünde der Welt, gib uns Deinen Frieden."

In diesem Brot, so glauben wir, teilt sich Jesus in seiner Zerbrochenheit und Gebrochenheit selbst mit. Er teilt sich mit, nicht als der brüllende Löwe von Juda, sondern als das geschlachtete Lamm, das im Dienst Gottes steht. In den Kirchen der Orthodoxie wird das eucharistische Brot „Lamm" genannt.

Sein Auftrag ist es, die Sünde der Welt hinwegzunehmen. Der griechische Begriff für Sünde, *haramtia*, meint ursprünglich „ein Ziel verfehlen". Das Lamm nimmt also die Zielverfehlung der Welt hinweg. Indem der Mensch durch die sogenannte Ursünde sein wollte wie Gott, hat er sein Ziel verfehlt. Das tut er immer wieder neu, wenn wir die Menschheitsgeschichte anschauen bzw. unsere eigenen Verfehlungen in den Blick nehmen. Wir könnten auch sagen, indem das Lamm die Sünde der Welt hinwegnimmt, braucht der Mensch sich nicht mehr zu überfordern, indem er versucht, perfekt zu sein, oder einen Absolutheitsanspruch verfolgt, der allein Gott zukommt. Er muss sich auch nicht mehr selbst aus seiner Geschichte erlösen, die von Schuld und Sünde geprägt ist. Er darf einfach Geschöpf sein mit seinen Stärken und Schwächen, mit seinen Erfolgen und Fehlern. In all dem erbarmt sich Gott, indem er in seinem Sohn selbst den Weg des Menschen in aller Zerbrechlichkeit geht. Selbst die völlige Gebrochenheit, den Tod, nimmt er auf sich und trägt ihn hinweg. So wird verständlich, warum das Gebet mit der Bitte um Frieden endet. In seiner Zerbrochenheit und Gebrochenheit teilt sich Jesus mit, zeigt er Solidarität mit unseren Wunden, Bruchstellen und Schwächen. So gibt Jesus Frieden, der immer auch Heil und Heilung beinhaltet.

Nach dem Brotbrechen zeigt der Priester ein Stück zerbrochenes Brot der Gemeinde und spricht: „Seht das Lamm Gottes, das die Sünde der Welt hinwegnimmt!" Nichts anderes sieht Johannes im himmlischen Thronsaal, nachdem er geweint hat, da es keine Lösung der verworrenen Weltgeschichte zu geben schien.

Für mich ist das ungemein tröstlich: Wir gehen nicht schuldlos durchs Leben. Wir sind verstrickt in die Strukturen der Sünde und kommen von selbst nicht mehr heraus. Es scheint alles unglaublich verworren zu sein. Die Schöpfung leidet unter dem, was die Menschheit ihr antut, und schlägt zurück. Auch die Menschen sind füreinander eher Wolf als Mutterschaf. Wir schlagen Wunden und werden verwundet. Viele Träume von einer besseren Welt und Zukunft sind zerbrochen, wie Seifenblasen zerplatzt. Inmitten dieser verworrenen Situation wird uns zugerufen: „Seht, das Lamm Gottes – es ist würdig, das Buch zu öffnen!"

Gott hat einen Plan. Dabei schlägt er nicht den gängigen Weg ein, und der Stärkere siegt. Im Gegensatz zu den antiken Göttern, die dem Schönen und Starken frönten, geht der Gott der Bibel den Weg der Schwäche und holt uns damit in unserer Gebrochenheit ab. Das ist neu! Das Lamm wird geschlachtet und seine Wunde bleibt sichtbar. Nichts wird geschönt oder aufgehübscht, wie es am Tier aus dem Meer geschieht, dessen Wunden geheilt werden (vgl. Kapitel Vision 3). Das bedeutet für uns, dass auch wir nicht nachbessern müssen, wie wir es manchmal bei Fotos tun. Gott weiß um unsere Schwächen. Er holt uns in ihnen ab. So erfahren wir Erlösung oder, wie es beim Propheten Jesaja heißt: „Durch seine Wunden sind wir geheilt." (Jes 53,5)

Es ist interessant, dass sich unser deutsches Wort „Hostie" vom Lateinischen *hostia* ableitet, was „Vergeltung, Opfer, Opferlamm, Opfergabe" bedeutet. Es geht um das Opfer oder besser: Es geht um die Hingabe. Früher war, wie es auch die Texte der Liturgie widerspiegeln, oft vom Opfer die Rede, das Gott der Vater einfordert. Der Sohn gibt sich stellvertretend für die sündige Menschheit hin und durch dieses Lebensopfer ist der Vater nicht mehr böse auf seine Geschöpfe, sondern wird in seinem Zorn versöhnt. Aber was ist das für ein Gottesbild? Begegnen wir da nicht einer völlig unsouveränen Macht, die den eigenen Emotionen ausgeliefert ist und Opfer fordert?

Hier scheint es mir wichtig zu sein, dass in der Apokalypse der Thronende im Himmelssaal sehr passiv bleibt. Von Ärger oder gar Zorn ist keine Rede. Besonnen rechnet er anscheinend damit, dass der Mensch sich aufgrund seiner Freiheit verfehlt und dadurch die Welt droht, ins ursprüngliche Tohuwabohu zurückzufallen. Das bringt Gott im himmlischen Thronsaal offensichtlich nicht aus der Ruhe. Denn er weiß um seinen Sohn.

In diesem ist Gott aktiv. Er opfert sich für den Menschen auf, weil er dem Menschen nahe sein will, gerade auch in der Schwäche des Todes. Das ist Liebe, die aus Hingabe geschieht. Am Kreuz solidarisiert er sich mit der geschundenen Menschheit, mit der geschundenen Schöpfung, und wird so für sie zur Lösung, zum Erlöser. Dafür steht das geschlachtete Lamm mit seiner Wunde. Und diesem sollen wir als Priester und Könige dienen. Das kann aber nur dann glaubwürdig geschehen, wenn wir in einem Umfeld, das so oft dem Makellosen und Perfektem frönt, wie es das Tier aus dem Meer zum Ausdruck bringt, unsere Wunden, unsere Verwundbarkeit und unsere Hilflosigkeit nicht verstecken. Vielmehr gilt es zu verkünden: Wir machen Fehler und gehen nicht schuldlos durchs Leben. Das ist nicht gut, aber lässt sich nicht vermeiden. Dafür tragen wir Verantwortung und werden Rechenschaft ablegen müssen. Aber wir glauben, dass sich Gott in seinem Sohn mit dieser Zerbrechlichkeit solidarisiert. So verstanden ist es unser Dienst, Empathie zu zeigen für die Verwundeten, für die Zerbrochenen, für die Geschundenen und auch für die, die schuldig geworden sind.

In unserer Regel mahnt Benedikt den Abt, nicht zu streng mit seinen Mitbrüdern zu sein, sondern mitfühlend auf diese zuzugehen. Er schreibt: „Immer gehe ihm Barmherzigkeit über strenges Gericht, damit er selbst Gleiches erfahre. Er hasse die Fehler, er liebe die Brüder. Muss er aber zurechtweisen, handle er klug und gehe nicht zu weit; sonst könnte das Gefäß zerbrechen, wenn er den Rost allzu heftig auskratzen will. Stets rechne er mit seiner eigenen Gebrechlichkeit. Er denke daran, dass man das geknickte Rohr nicht zerbrechen darf. Damit wollen wir nicht sagen, er dürfe Fehler wuchern lassen, vielmehr schneide er sie klug und liebevoll weg, wie es seiner Ansicht nach jedem weiterhilft; wir sprachen schon davon. Er suche, mehr geliebt als gefürchtet zu werden." (RB 64,10–15)

Letztlich beschreibt Benedikt mit ausdrucksstarken Worten, was wir uns von Gott erhoffen, und gibt uns ein Leitbild dafür, was es heißt, in seinem Dienst Priester und Könige zu sein. An anderer Stelle verweist Benedikt darauf, dass der Abt Stellvertreter Christi sei. (Vgl. RB 2,2) Das gibt ihm keine Machtposition, sondern erinnert den Abt daran, dass der eigentliche Abt des Klosters Jesus Christus ist. Diesen gilt es zu repräsentieren, eben auch als den Leidenden und Gekreuzigten, der mitfühlen kann, oder, um es im Bild der Apokalypse zu sagen, als das geschlachtete Lamm, das seine Wunde zeigt. Als Christen ist es unsere Aufgabe, sensibel zu sein, für die Schwach- und Bruchstellen im Leben eines Menschen, in der Gesellschaft, in der Welt, und daran mitzuwirken, dass etwas heil wird und zum Frieden finden kann. Desto skandalöser sind die Erkenntnisse der Missbrauchskrise, dass in der Kirche Täter und die Institution systematisch geschützt wurden, während Opfer nicht gehört und ernst genommen wurden.

Aufgabe des Christen ist die Mitteilung, im Bewusstsein der eigenen Gebrechlichkeit, Menschen Brot und Nahrung zu geben, in all ihrer Gebrochenheit.

Wir sind Repräsentanten des zerbrechlichen Christus, den wir in den Verwundungen unserer Zeit wiederfinden. Zugegebenermaßen stehe ich oft kurz davor, angesichts des immensen Leids, dass es in der Welt gibt, zu verzweifeln. Und ich frage mich oft: Wie sollen wir mit unseren beschränkten Möglichkeiten das alles schaffen? Einfach anfangen! Das tun, was wir können, ohne zu verzweifeln! So lautet der Auftrag. Vor uns haben das schon einige getan und auch wir können es jeden Tag neu mit vielen kleinen Schritten angehen. Die Heilung der Welt geschieht fortwährend durch Christus und durch seine Könige und Priester. Wir brauchen die Welt nicht allein zu erlösen, weil dies Gott tut. Er hat seinen Plan, den er uns im versiegelten Buch eröffnet.

Als ich im Alter von 34 Jahren als Jüngster unter den Mitbrüdern zum Abt gewählt wurde, war mir etwas bang, wie ich das alles schaffen soll. Der damalige Münchener Erzbischof Kardinal Wetter hat mir damals die Abtweihe gespendet. Als wir uns vor dem Gottesdienst auf dem Gang in St. Bonifaz begegneten, kam mir ein strahlender Kardinal entgegen und rief mir zu: „Bleiben Sie cool, Abt Johannes, wie die jungen Leute sagen, bleiben sie cool!" Dieses Wort des Bischofs hat mir seitdem schon öfters weitergeholfen. Das eine ist, sensibel und empathisch zu bleiben für das, wozu wir gerufen sind. Aber ebenso wichtig ist es, am Leid der Welt, an den Strukturen der Sünde und vor allem an den eigenen Unzulänglichkeiten nicht zu verzweifeln. „Bleiben Sie cool!", weil auch Gott bei aller Empathie cool bleibt. Er führt Regie und hat seinen Plan und wählt ungewöhnliche Wege, wenn er durch das geopferte Lamm erlöst, denn es wird regiert, wie wir in der folgenden Vision sehen werden.

Der Richter mit blutgetränktem Gewand

Der Esel hat in unserer Sprache leider kein gutes Renommee. Er gilt als störrisch und dumm. Dies bringt auch dieser Witz zum Ausdruck: „Ein Pferd und ein Esel geraten in Streit darüber, wer von ihnen höher einzuschätzen sei. Das Pferd ist stolz auf seine Vergangenheit und darauf, welche bevorzugte Stellung es im Leben der Menschen hat. Der Esel ist stolz auf seine Zukunft und erwidert: Die Technik wird das Pferd überholen, Esel wird es aber immer geben!"

Durch Jesus von Nazareth wurde der Esel aufgewertet. Bei seinem Einzug in Jerusalem, kurz vor seinem Tod, setzte er sich nicht auf ein Pferd, um seiner Botschaft des Dienens und Friedens Ausdruck zu geben, sondern auf einen Esel; ganz gemäß der Prophetie des Sacharja: „Juble laut, Tochter Zion, jauchze, Tochter Jerusalem! Sieh, dein König kommt zu dir, gerecht und als Retter. Demütig ist er und reitet auf einem Esel, auf einem Fohlen, dem Jungen einer Eselin. Ich schaffe die Streitwagen fort aus Efraim und die Pferde aus Jerusalem, vernichtet wird der Kriegsbogen. Er verkündet den Völkern Frieden, und seine Herrschaft reicht von Meer zu Meer, vom Strom bis zu den Enden der Erde." (Sach 9,9–10)

Der Esel als Reittier der kleinen Leute passt zum menschenzugewandten Wanderrabbi aus Nazareth besser als ein

Pferd. Wie befremdlich wirkt es dagegen, wenn nun Johannes Jesus als den endzeitlichen Richter auf einem weißen Kriegsross sitzen sieht! Verstärkt wird diese Irritation noch dadurch, dass sein Gewand blutverschmiert ist und Vögel auf einem Schlachtfeld zum Leichenschmaus geladen werden. Jesus von Nazareth als rachgieriger Kriegsherr und nicht als demütiger Friedensbringer – wie kommt der Seher auf Patmos zu dieser Schau? Doch schauen wir uns zunächst den Text an.

Dann sah ich den Himmel geöffnet und ich sah ein weißes Pferd und er, der auf ihm saß, heißt Treu und Wahrhaftig; gerecht hält er Gericht und führt er Krieg. Seine Augen waren flammendes Feuer und auf seinem Haupt trug er viele Diademe und einen Namen geschrieben, den niemand kennt als nur er selbst. Bekleidet war er mit einem blutgetränkten Gewand und sein Name heißt „Das Wort Gottes". Ihm folgten auf weißen Pferden, in weißes, reines Leinen gekleidet, die Heerscharen im Himmel. Aus seinem Mund kam ein scharfes Schwert, um damit die Völker zu schlagen. Und er herrscht über sie mit eisernem Zepter und er tritt die Kelter des Weines des grimmigen Zornes Gottes, des Allherrschers. Auf seinem Gewand und auf seiner Hüfte trägt er Namen: König der Könige und Herr der Herren. Dann sah ich einen Engel in der Sonne stehen. Er rief mit gewaltiger Stimme allen Vögeln zu, die hoch am Himmel flogen: Kommt her, versammelt euch zum großen Mahl Gottes! Fresst Fleisch von Königen, Fleisch von Heerführern, Fleisch von Helden, Fleisch von Pferden und ihren Reitern, Fleisch von Leuten aller Art, von Freien und von Knechten, von Kleinen und von Großen! Dann sah ich das Tier und die Könige der Erde und ihre Heere versammelt, um gegen den Reiter auf dem Pferd und gegen sein Heer Krieg zu führen. Aber das Tier wurde ergriffen und mit ihm der Lügenprophet, der die Wunderzeichen vor ihm gewirkt hatte, womit er die verführt hatte, die das Kennzeichen des

Tieres angenommen und sein Standbild angebetet hatten. Lebendig wurden sie beide in den Feuersee geworfen, der von Schwefel brennt. Die Übrigen wurden mit dem Schwert getötet, das aus dem Mund des Reiters hervorging; und alle Vögel fraßen sich satt an ihrem Fleisch.

Apk 19,11–21

Vor der Beschreibung dieser Szene hatte Johannes den Gesang des himmlischen Hofstaates gehört, den Jubel darüber, dass nun nach aller Drangsal endlich die Hochzeit des Lammes gekommen wäre und die Gerechten zum Festmahl geladen sind. Nun sieht Johannes nicht nur eine Tür des Himmels geöffnet, wie in seiner ersten Vision (vgl. Apk 4,1); jetzt öffnet sich ihm der Himmel ganz und gar. Wir könnten auch sagen: Mit ihm schauen wir in die geheimnisvolle Wirklichkeit Gottes. Sie steht uns offen. Drei Mal heißt es in dem folgenden Abschnitt: „Ich sah …" (vgl. 19,11.17.19)

Wiederum beschreibt Johannes zunächst die Requisiten. Das weiße Pferd, von dem er spricht, verweist auf königliche Herrschaft und darf nicht verwechselt werden mit dem ersten der vier Pferde der apokalyptischen Reiter. Der Reiter, den Johannes nun sieht, wird als treu, wahr und gerecht tituliert. Mit diesen Attributen wird auch im Alten Testament sehr häufig die Herrschaft Gottes gekennzeichnet. Wie schon bei der Beschreibung des „Menschensohn-gleichen" hat der Reiter feuerflammende Augen, d. h. er ist mit dem Auferstandenen identisch, dem wir mit Johannes in der Auftaktvision begegnet sind (vgl. Apk 1,14). Die vielen, kostbaren Diademe auf seinem Haupt, die seine besondere Würde und Herkunft unterstreichen, zeigen, dass er als Gegenspieler des großen furchteinflößenden Tieres über reichere und größere Macht als dieses verfügt, das nur zehn Diademe hat (vgl. Apk 13,1). So steht er zunächst sehr majestätisch vor uns.

Doch lange hält der wunderbare Eindruck nicht an, denn die Deutung seines blutgetränkten Gewands bereitet Schwierigkeiten. Ist es das Blut seiner Feinde, das das Kleid gerötet hat, nachdem Gott das Zorngericht über die Völker vollzogen hat, wie es der Prophet Jesaja ankündigte? (vgl. Jes 63,1–3) Hat er in seiner Wut mit seinen Füßen zu heftig in die Kelter getreten, sodass das Blut der Zertretenen nach oben spritzte? Was für ein furchtbarer Gedanke äußerster Brutalität, die so gar nicht zum Jesusbild der Evangelien passt, schleicht sich hier ein? Allerdings, so stellen manche Bibelwissenschaftler fest, ist vom Keltertreten im zeitlichen Verlauf dieses Abschnitts erst später die Rede. Daher scheint mir eine andere Deutung plausibler zu sein: Es könnte das eigene Blut des Reiters, also das Blut des Lammes sein, das durch die Schlachtung aus seiner Wunde herausgeschossen ist und das Gewand rot eingefärbt hat. Freilich sind beide Erklärungen möglich, wobei Letztere meines Erachtens eher der Gewaltfreiheit Jesu und dem Symbol des geschlachteten Lammes entsprechen würde. Aber wir müssen die Antwort offen lassen …

Wie in der ganzen Apokalypse, so wird auch hier kein Name für Jesus genannt. Im Gegenzug zu den Lästernamen, die auf dem bestialischen Tier zu lesen sind, bleibt Johannes bei den Namen Gottes vorsichtig und verweist lediglich darauf: „Sein Name heißt: Das Wort Gottes!" Wir könnten auch sagen, dass kein Name und kein Titel den Sohn Gottes fassen können. Vielmehr gibt sich Gott in diesem geheimnisvollen Reiter selbst kund. *Er* ist das Wort, das Fleisch geworden ist, wie im Prolog des Johannesevangeliums zu lesen ist. (Vgl. Joh 1,14) Wie er redet und handelt, so ist Gott. In ihm spricht sich der Schöpfer selber aus, wie es im Buch der Weisheit heißt: „Denn während tiefes Schweigen alles umfing und die Nacht in ihrem schnellen Lauf bis zur Mitte vorgerückt war, da sprang dein allmächtiges Wort vom Himmel her, vom königlichen Thron, gleich einem wilden Krieger mitten in das dem Verderben geweihte Land. Als scharfes Schwert trug es deinen unwiderruflichen Befehl, trat hin und erfüllte alles mit Tod; es berührte den Himmel, während es auf der Erde dahinschritt." (Weish 18,14–16)

Nichts anderes sieht Johannes. Ein scharfes Schwert kommt aus dem Mund des Reiters. Dieses ist uns schon von der „Menschensohn-Vision" (Kapitel Auftaktvision) bekannt, wo es als sein Wort, als sein Wille gedeutet wurde. (Vgl. Apk 1,16; 2,12) *Sein* Wort ist ent-scheidend und wird zum Richtmaß. Wir könnten auch feststellen: Er hält Wort, auch mit Blick auf unser Tun. Und wir können und müssen uns vor ihm verantworten. Damit wird klar, wer der geheimnisvolle Reiter ist: Er ist der Richter der Welt, der im Auftrag des Schöpfers die Vollendung herbeiführen wird.

Darauf verweist erneut das eiserne Zepter. Auch dieses kennen wir bereits, denn mit ihm sollte das neugeborene Kind den Drachen in Schranken weisen (vgl. Ps 2,9; Apk 12,5; 2,27). Das bedeutet: Das Kind, das von Gott auf seinen Thron gerettet wurde, zeigt sich nun in diesem Reiter als der souveräne Richter der Welt.

Das nächste Bild von der Zorneskelter Gottes ist wiederum eine erlesene Einsicht des Johannes. So kündigt der Prophet Jesaja an, dass Gott in seinem Zorn einmal seine Gegner vernichten wird, wie man Weinbeeren in der Kelter zertritt, so dass ihr Blut sein Gewand besudelt. (Vgl. Jes 63,2–6) Auch dieses Bild ist brutal und grausam und wirkt auf uns abstoßend. Nüchtern betrachtet aber ist das Keltern der Weintrauben ein Veredlungsprozess. Erst durch die Zerstörung der Trauben kann der Wein entstehen. Damit würde das Kelter-Gericht positivere Züge bekommen und trotz allem bleibt das Bild gewalttätig. Vielleicht tun wir uns schwer mit der Vorstellung, dass Gott zornig auf uns Menschen ist. Nüchtern betrachtet jedoch ist der Zorn eine tiefe menschliche Emotion, die die Enttäuschung und die Leidenschaft zum Ausdruck bringt. Wir sind Gott nicht gleichgültig! Weil er uns liebt, zeigt er uns diese auch in seiner tiefen inneren Betroffenheit, die nach außen bricht.

Und Johannes sieht noch mehr: „König der Könige" und „Herr der Herren", steht auf dem Gewand und den Hüften des Reiters zu lesen. Ursprünglich sind es Titel, die die persischen Großkönige für sich in Anspruch nahmen. Nun werden sie auf den wiederkommenden Messias übertragen, der sich mit diesen Titeln erneut von der Macht des Bösen und seiner Hure Babylon mit ihren Lästernamen abgrenzt.

Dem majestätischen und furchterregenden Reiter folgt eine lichterfüllte Schar weiß gewandeter Reiter. Auch sie sitzen auf Schimmeln. Dabei fällt auf, dass weder Waffen erwähnt werden noch zum Kampf aufgerufen wird. Ebenso bleibt ihr Anführer seltsam passiv, sodass wir feststellen können: Jesus Christus braucht als Richter der Welt weder eine Streitmacht noch Vernichtungswerkzeuge, es genügt sein Wort. (Vgl. Jes 11,4)

Dieses zunächst furchtbare Bild, das Johannes zeichnet, atmet ebenso ruhige Souveränität. Es geht ihm um die Herrschaft Gottes, nicht um Rachsucht und Willkür. Vielmehr wird Gott durch seinen wiederkommenden Sohn den Verderbern der Erde und allen, die es zu verantworten haben, ein Ende setzen, indem er für Recht und Gerechtigkeit sorgt. (Vgl. Apk 11,18) Dies geschieht in zum Teil brutalen Bildern. Auf seine Weise will er unsanft aufwecken und zur Verantwortung mahnen. Nichts anderes kündigt Jesus von Nazareth in den Evangelien an: Die Menschen müssen sich letztlich für ihr Tun verantworten. (Vgl. Mt 25,14–46; Lk 19,11–27)

Und noch etwas sieht und hört Johannes: Ein majestätischer Engel, der in der Sonne steht, lädt die Vögel zum Leichenschmaus ein. Hier lässt sich der Seher wohl erneut von einem Propheten inspirieren; diesmal von Ezechiel (vgl. Ez 39,17–20). Ein realistisches Bild eines Schlachtfeldes wird beschrieben. Für niemanden, der sich gegen Gott stellt, wird es ein Entrinnen geben. Dabei ist beachtlich, dass zwar eine Schlacht angekündigt, diese selbst aber nicht geschildert wird. Ist der majestätische Reiter mit seinem roten Mantel gar nicht so blutrünstig, wie er uns in unserer Fantasie vorkommt?

Nun erkennt Johannes, wie den eigentlichen Gegnern der Herrschaft Gottes der Garaus gemacht wird. Die Bestie aus dem Meer und der falsche Prophet – in der Apokalypse als das Tier aus der Erde symbolisiert (vgl. Kapitel Vison 3) – werden, wie später auch der Teufel selbst (vgl. Apk 20,10) und der Tod (vgl. Apk 20,13), in einen nach Schwefel stinkenden Feuersee geworfen. Sie werden ein für alle Mal vernichtet, entsorgt, also von aller Sorge befreit. Der Schriftkundige Leser fühlt sich an die Worte Jesu und an das Schicksal von Sodom und Gomorra erinnert. (Vgl. Mt 5,22; 18,9; 25,41; Mk 9,43) Auch an dieser Stelle ist interessant, dass die Initiative zum Kampf nicht von Jesus Christus ausgeht. Vielmehr wollen das Tier und seine Gefolgschaft von sich aus einen Krieg gegen die himmlischen Streitmächte anzetteln. Daher werden sie von der göttlichen Macht vernichtet. Und auch das finde ich beachtlich: Nicht der weiße Reiter entsorgt sie in dem Feuersee. Er bleibt, wie zuvor Gott auf seinem Thron, unbeteiligt und souverän auf seinem Pferd. Wer die Vernichtung erledigt und wie sie geschieht, wird uns nicht verraten.

Dieses göttliche Passiv, das uns jetzt schon öfters begegnet ist, soll erneut Trost für die Gemeinde sein. Habt keine Angst – bis zum Schluss führt Gott Regie!

In der gesamten Szene sowie in der ganzen Apokalypse wird kein Kampfgeschehen geschildert. Der angekündigte Krieg bleibt aus. Allein das Wort Gottes genügt. Am Ende bekommen die Aasgeier ihren Leichenschmaus. Dieser wiederum ist eine krasse Gegenüberstellung zum Hochzeitsmahl des Lammes, das zuvor verkündet wurde.

Sicherlich ist diese Szene eine der Problematischsten im ganzen Buch. Letztlich versucht Johannes mit den drastischen Bildern der ihm bekannten biblischen Texte, eine Antwort darauf zu geben, wie die verworrene Weltsituation gelöst werden wird. Am Ende wird Gott durch seinen Sohn als souveräner Richter der Gerechtigkeit zum Sieg verhelfen. Einerseits nutzt Johannes dazu das schreckliche Bild von einer Schlacht und vom Leichenschmaus der Vögel. Andererseits geht die vernichtende Macht passiv vom Wort Gottes aus. Letzteres ist für mich entscheidend.

Und wiederum können wir feststellen: Nur das geopferte Lamm, das sich bereit erklärt, den Willen Gottes zum Sieg zu führen, und teilhat an seiner göttlichen Herrschaft, wie wir im Bild des blutgewandeten Reiters gesehen haben, kann die Machtfrage lösen.

Aber kann man den Sieg Gottes wirklich mit Bildern von Gewaltherrschaft darstellen? Kann die endgültige Vernichtung der Feinde ein Trost sein für uns Christen, wenn Jesus von Nazareth die Feindesliebe predigte? …? Zu Recht wirft die Szene all diese Fragen auf.

Wichtig erscheint mir dabei zu betonen, dass an keiner Stelle der Apokalypse die Christen zu militärischen Auseinandersetzungen aufgerufen werden. Auch vom Reiter geht keine bewaffnete Gewalt aus. Es genügt ihm das Schwert aus seinem Mund. Sein Wort ist entscheidend und muss auch uns genügen. Es sollte alleiniger Maßstab unseres Handelns sein. Dafür werden auch wir uns einmal verantworten müssen und dürfen.

Verantwortung statt Vernichtung

Manchmal denke ich, dass ich doch recht viel Zeit meinen Buchprojekten widme. Als ich das gegenüber einem benediktinischen Freund äußerte, widersprach dieser mir heftig. Die Beschäftigung mit dem Wort Gottes und ein daraus abgeleitetes geistliches Leben würden schließlich zum Anforderungsprofil eines Abtes gehören. Nicht umsonst würde Benedikt diesem ins Stammbuch der Regel schreiben: „Er muss daher das göttliche Gesetz genau kennen, damit er Bescheid weiß und einen Schatz hat, aus dem er Neues und Altes hervorholen kann." (RB 64,9) Dieser Gedanke hilft mir und ich möchte ihn etwas vertiefen. Im Vers zuvor hatte der Mönchsvater in einem Wortspiel gemahnt, dass der Abt mehr nützlich sein soll, als vorzustehen (*magis prodesse quam praeesee*). Wenn er die Bibel verinnerlicht hat, im Wort Gottes bewandert und unterrichtet ist, dann ist das ein wertvoller Schatz für ihn und seine Gemeinschaft, so lautet die Überzeugung Benedikts. Dabei gilt es, beides in Einklang miteinander zu bringen, sowohl das Neue, also die neue Lehre Jesu (vgl. Mk 1,27) und das, was die Zeit mit sich bringt, als auch die Tradition, beispielsweise die Schriften des Alten Bundes und das, was uns die Mönchsväter überliefert haben.

Beides tut Johannes in seiner Apokalypse und erspart uns dabei auch schwierige Bilder von Gewalt, Zorn und Vergeltung nicht, die eben auch an manchen Stellen die Bibel und ihr Gottesbild prägen. Wichtig ist, auch mit diesen Passagen gut umgehen zu lernen. Dafür ist zunächst festzuhalten, dass das Christentum keine Buchreligion ist. Die Bibel ist nicht wortwörtlich inspiriert, wie oft geglaubt wurde. Sie ist kein solches heiliges Buch, das nicht interpretiert oder an dem nichts geändert werden darf. Darum sind wir angehalten, uns immer wieder ihre Entstehungsgeschichte vor Augen zu führen: Die vielen Schriften, die die Bibel enthält, sind von unterschiedlichen Menschen geschrieben worden, die versuchten, das Geheimnis Gottes und die Geschichte mit seinem Volk ins Wort zu bringen. Diese Texte gingen zudem durch unterschiedliche Redaktionen. Sie wurden gekürzt und ergänzt, umgebaut und verändert. Das ist das eine, das wir bedenken müssen gerade dann, wenn uns Passagen in der Bibel abstoßen.

Zum anderen ist das Christentum gebunden an die Person Jesu. Darum stellen sich uns immer wieder Fragen wie die folgenden: Was ist Jesu Kernbotschaft? Was entspricht bzw. widerspricht ihr? Wie können wir seinen Geist in den Schriften erkennen? …?

Auch hier gilt es, auszuhalten, dass uns z. B. die vier Evangelisten aus ganz unterschiedlichen Blickwinkeln seine Frohe Botschaft überliefern und es daher so manche Widersprüchlichkeiten gibt. Für Lukas ist etwa die soziale Komponente wichtig. Auch tradiert er die Kindheitsgeschichten, die sich bei Markus gar nicht finden, und bei Matthäus etwas anders berichtet werden. Matthäus stellt uns mit Blick auf seine judenchristliche Gemeinde Jesus als jüdischen Rabbi vor, während das Johannesevangelium sich wiederum mit hellenistischer

Weltanschauung auseinandersetzt, wie es schon der Prolog zeigt.

Die Texte sind also immer schon eingefärbt durch den Autor und dessen Zielgruppe. Gleiches können wir auch bei der Apokalypse feststellen, die in einem äußerst aggressiven Umfeld entstanden ist. Wen wundert es dann also, dass Johannes gerade in drastischen Bildern die Wiederkunft Christi als Weltenrichter darstellt, um dessen Überlegenheit über alle Mächte seiner Zeit zu unterstreichen?! Dabei fällt auf, und das halte ich für äußerst beachtenswert, dass zwar vom zornigen Keltertreten die Rede ist, aber im Folgenden keine gewaltsamen Handlungen der Vernichtung in Szene gesetzt werden. Der Reiter bleibt souverän. Allein sein Wort ist entscheidend, worauf das zweischneidige Schwert in seinem Mund verweist.

Ich bin sehr dankbar, dass wir in unserem klösterlichen Alltag ständig mit der Heiligen Schrift beschäftigt sind: Die 150 Psalmen und andere biblische Texte bilden das Chorgebet. Im Wortgottesdienst der Messe, die Texte der Lesehore/Vigil und die ständige Lesung aus dem Alten und Neuen Testament zu Beginn der Mahlzeiten, konfrontieren uns mit unterschiedlichen biblischen Gedanken und Begebenheiten. Hinzu kommt die *Lectio divina*, das meditierende Lesen der Heiligen Schrift, dem der Mönch freie Zeiten widmen soll. Auch bin ich dankbar dafür, dass ich fast an jedem Sonntag predigen muss, sodass mich ein biblischer Text die Woche über intensiv begleitet, zu dem ich wissenschaftliche Kommentare lese und den ich mit unserem Leben in Bezug zu bringen versuche. Bei all dem wird deutlich, dass das Geheimnis Gottes, von dem wir glauben, dass es in Jesus von Nazareth Mensch geworden ist, sich in einer Vielzahl menschlicher Geschichten abbildet, die keineswegs homogen zueinander stehen. Für mich heißt das: Das Wort Gottes bildet sich auch in meinem Leben ab, will durch mich Fleisch werden und ebenso im Leben der anderen Menschen.

In einem bekannten Zitat des Kirchenvaters Hieronymus (347–420) heißt es: „Die Schrift nicht kennen, heißt Christus nicht kennen!" Dieser Satz fordert uns auf, in den 72 Büchern der Bibel auf die Spurensuche nach Jesus Christus zu gehen, so wie es Johannes tat. Er hat sein Bild von Jesus Christus zusammengetragen, wie wir schon gesehen haben. Dasselbe ist auch uns aufgetragen. Nicht zuletzt mit Blick auf die Wirklichkeit des letzten Gerichts, dessen Gedanke die Evangelien und viele andere biblischen Bücher durchzieht, ist es wichtig, sich zu fragen: Wie kann ich in meinem Leben eine Antwort geben auf den Willen Gottes, auf sein Wort, sodass ich mich einmal vor ihm verantworten kann?

Letztlich steht dahinter die Überzeugung, dass die Vollendung des Menschen und der Welt nur im Spannungsfeld zwischen Gerechtigkeit und Barmherzigkeit stattfinden wird. Zum einen braucht es die Gerechtigkeit, dass den Tätern die Augen geöffnet werden für das, was sie falsch gemacht und verschuldet haben. Nur durch diese Erkenntnis kann im Herzen Läuterung geschehen, indem einem bewusst wird, was man dem anderen und der Welt angetan hat. Das kann ein schmerzlicher Prozess sein, wie es das drastische Bild des Fegefeuers zum Ausdruck bringt. Gold und Silber werden im Feuer geläutert, so lautet ein Bild der Bibel. (Vgl. Ps 66,10) Diese Gerechtigkeit ist Gott sowohl den Opfern als auch den Tätern schuldig. Letztlich geht es um Verantwortung, der wir nicht gerecht geworden sind. Dazu braucht es zum anderen die Barmherzigkeit, das Vertrauen darauf, dass dieses Gerichtetwerden zum Guten und aus Liebe geschieht, aus Liebe Gottes zu den Opfern und den Tätern gleichermaßen.

Ich kann mir nicht vorstellen, dass es Gott gefällt, am Ende der Zeiten Menschen zugrunde zu richten. Das würde dem Anspruch, dass er die Liebe ist und aus ihr heraus das Leben schenkt, nicht entsprechen. Vielmehr braucht es das Gerichtetwerden aus Liebe, sodass am Ende beide, Opfer *und* Täter, eine Chance haben auf das neue Leben. Mutmaßlich deutet darauf das Keltertreten in der oben betrachteten Szene hin, das als Veredelungsprozess am Ende den Wein als Ausdruck der Lebensfreude und Fülle zum Produkt hat. Im letzten Gericht wird Gott den Menschen nicht vernichten, sondern ihm aus Liebe gerecht. Darin spiegelt sich die Weisung Jesu, dass die Gottes- und Nächstenliebe die Erfüllung des ganzen Gesetzes ist.

Wenn das Wort Jesu, das im Bild des zweischneidigen Schwertes dargestellt wird, für Johannes im Gericht entscheidend ist, dann gilt es, nach diesem Wort zu suchen, um eine Antwort zu ringen und sich vor diesem zu verantworten. Grundlage dafür ist es, die Frohe Botschaft Jesu immer tiefer zu durchdringen, bzw., wie es Benedikt formuliert, unter der Führung des Evangeliums seine Wege zu gehen (vgl. RB Prol 21). Das aber bedeutet für uns Christen eine intensive Auseinandersetzung mit der Heiligen Schrift.

Altbundeskanzler Helmut Schmidt soll einmal gesagt haben, dass man mit der Bergpredigt keine Politik machen kann. Wenn man diese wortwörtlich auslegt, wird es wie mit vielen Texten der Bibel bestimmt schwierig. Wenn man aber nach ihrem Geist fragt und zu verstehen versucht, was Jesus damit sagen wollte, dann findet man wertvolles Rüstzeug, wie wir unser Leben vor Gott und den Menschen verantworten können. Manche Spannungen zwischen Ideal und Realität, manche Widersprüchlichkeiten gilt es dabei auszuhalten. Das mutet uns Gott anscheinend zu. Zum Christsein gehört das Ringen, nicht zuletzt mit Gott und seinem Wort, dessen Wesen uns bis zum jüngsten Tag ein Geheimnis bleiben wird. Der Diskurs ist ebenso entscheidend – auch innerhalb der Christenheit.

Wie mag die Vision des Johannes bei den Gläubigen Kleinasiens angekommen sein, dass Jesus Christus wie ein römischer Imperator auf einem weißen Schlachtross sitzend als Richter wiederkommen wird? Viele werden wahrscheinlich von dieser Schau beeindruckt gewesen sein nach all dem, was sie von den römischen Besatzern erdulden mussten und erlitten hatten. Endlich stehen sie auf der Seite der Sieger! Die Schlacht ist geschlagen und gewonnen. Die Aasgeier können ihren Hunger an den Leichen stillen. Und sie sind endlich befreit: „Weine nicht! Der Löwe aus dem Stamm Juda, der Spross aus der Wurzel Davids, hat gesiegt." (Apk 5,5)

Andere werden sich vielleicht an den Propheten Sacharja erinnern, wie dieser schildert, dass der zukünftige Messias auf einem Esel daherkommt. Wie im geschlachteten Lamm entdeckten sie ihren Messias in diesem Bild ausdrucksstärker als im Imperator auf einem Streitross. Spätestens bei dieser Vision hätte zumindest ich zur Schreibfeder gegriffen und für Johannes auf Patmos ein Gegenbild gezeichnet – wohlgemerkt auf dem Boden biblischer Tradition. Dabei dürfen wir nicht vergessen, dass Esel keineswegs dumme Tiere sind. Sie sind sehr klug, ja vorsichtig (lat. *pro-vidus*). Mit dem steinigen Bergland vertraut setzen sie nur dorthin ihren Huf, wo es ihnen sicher erscheint. Ansonsten bleiben sie störrisch stehen und gehen nicht weiter. Das Pferd dagegen, das in der Steppe beheimatet ist, rennt einfach drauflos, wenn es die Sporen kriegt, und ist daher für den Krieg geeignet. Mit einem Esel lässt sich ein solcher nicht gewinnen, zumindest nicht nach gängigen Strategien. Das scheint auch dem Evangelium des

Jesus von Nazareth mehr zu entsprechen ... Und die Beharrlichkeit, die sich in der widerspenstigen Beständigkeit des
Esels zeigt, ist letztlich das, was der Seher Johannes seinen
Gemeindemitgliedern empfiehlt. Vielleicht gehört deswegen
zumindest aus christlicher Sicht den Eseln und nicht den Pferden die Zukunft, wie die Quintessenz des zu Beginn des Kapitels erzählten Witzes lautet und uns die nächste Vision vor
Augen führen wird.

Die Erlösten in weißen Kleidern

Das schwarze Ordensgewand gehört zum Erkennungszeichen von uns Benediktinern. Es sieht edel aus, sagen manche, und freilich ist die dunkle Farbe vorteilhaft, weil man Flecken nicht so schnell sieht. Wenn es z. B. zum Mittagessen Spagetti mit Tomatensoße gibt, sagen wir manchmal: Das ist kein Essen für Dominikaner oder Prämonstratenser, die ein weißes Ordensgewand tragen. Da ist das schwarze schon praktischer. Allerdings müssen wir in der Ostervesper auch schmunzeln, wenn wir, die Schwarzgewandeten, voller Inbrunst den Eröffnungshymnus singen: „Zum Mahl des Lammes schreiten wir mit weißen Kleidern angetan!" Das weiße Gewand, das nach altkirchlichem Ritus der Täufling in der Osternacht nach seiner Taufe empfing und das er acht Tage lang bis zum Weißen Sonntag trug, wurde zu einem Erkennungszeichen für die Christen. Es steht für Klarheit, Reinheit und Licht. Jesus selbst wurde bei seiner Verklärung in Licht gehüllt und nach seiner Auferstehung verkünden im leeren Grab Männer in weißen Gewändern den erstaunten Frauen die österliche Freudenbotschaft. Auch in der Apokalypse spielt das Weiß eine wesentliche Rolle, wie wir am weißen Reiter im Kapitel zuvor schon sehen konnten. In der folgenden Vision wird nochmals veranschaulicht, welche Bedeutung das weiße Kleid für uns Christen hat:

Dann sah ich eine große Schar, die niemand zählen konnte: aus allen Nationen und Stämmen, Völkern und Sprachen; sie standen vor dem Thron und vor dem Lamm, in weiße Gewänder gekleidet und mit Palmzweigen in ihren Händen. Sie riefen mit mächtiger Stimme: Die Rettung kommt von unserem Gott, der auf dem Thron sitzt, und von dem Lamm. Und alle Engel standen rings um den Thron, um die Ältesten und die vier Lebewesen, und sie fielen vor dem Thron auf ihr Angesicht nieder, beteten Gott an und sprachen: Amen, Lob und Herrlichkeit, / Weisheit und Dank, Ehre und Macht und Stärke / unserem Gott in alle Ewigkeit. Amen. Da fragte mich einer der Ältesten: Die in den weißen Gewändern, wer sind sie und woher sind sie gekommen? Ich erwiderte ihm: Mein Herr, du weißt es. Und er sagte zu mir: Das sind die, die aus der großen Bedrängnis kommen; sie haben ihre Gewänder gewaschen und im Blut des Lammes weiß gemacht. Darum stehen sie vor dem Thron Gottes und dienen ihm bei Tag und Nacht in seinem Tempel; und der, der auf dem Thron sitzt, wird sein Zelt über ihnen aufschlagen. Sie werden keinen Hunger und keinen Durst mehr leiden; weder die Sonne noch irgendwelche Glut wird sie treffen. Denn das Lamm in der Mitte wird sie weiden und zu den Quellwassern des Lebens führen; und Gott wird jede Träne von ihren Augen abwischen.

Apk 7,9–17

Es ist beeindruckend, was wir mit Johannes nun im Himmel schauen dürfen: Es ist eine frühe Vision, die Johannes, nachdem mit der Öffnung des sechsten Siegels kosmische Katastrophen über die Erde kamen und die Menschheit in Angst und Schrecken stürzten, als Trost für die bedrängten

Christen beschreibt. Sie sollen nicht aufgeben. Die Erde ist nicht zum Untergang bestimmt. Und so sieht Johannes zunächst auf der Erde eine große Schar von 144 000 Personen, die aus allen Stämmen Israels gebildet werden. Sie werden besiegelt mit dem Zeichen des Lammes. Wir könnten auch sagen: Sie werden „imprägniert", damit sie in aller Bedrängnis geschützt sind. Sie sind Gottes Eigentum. Nichts kann ihnen schaden.

Danach, und hier setzt unsere Vision ein, blickt Johannes in den Himmel und mit ihm sehen wir eine unzählbare Schar, die sich aus allen Nationen und Sprachen zusammensetzt. (Vgl. Apk 5,9) Kein Volk wird ausgeschlossen, niemandem wird aufgrund seiner Herkunft, Hautfarbe oder Abstammung die Ewigkeit verwehrt. Diese vollendete Heilsgemeinde steht vor dem Thron Gottes. Nichts kann sie mehr von ihm und dem Lamm, seinem Sohn, trennen. Ihnen wird Rettung und Bewahrung inmitten aller Bedrohungen und Katastrophen zugesagt. Zusammen mit den vier Lebewesen, den 24 Ältesten und den unzähligen Engeln bilden sie den himmlischen Hofstaat. Als Zeichen ihres Sieges über alle Bedrängnisse, die sie in ihrem Leben ertragen mussten, sind sie mit weißen Gewändern bekleidet gleich den Märtyrern, die nach ihrem Tod im Himmel ausruhen (vgl. Apk 6,11). Die Palmzweige in ihren Händen symbolisieren die Freude über den errungenen Sieg, wie wir es aus den Makkabäer-Büchern kennen. (Vgl. 1 Makk 13,51; 2 Makk 10,7) Ihr Siegesgesang ist ein Bekenntnis: Ihre Rettung kommt allein von Gott und von dem Lamm. Keine irdische Macht, sondern sie allein sind die einzigen Helfer in der Not, selbst im Tod, wie es schon in den Psalmen anklingt (vgl. Ps 3,9; 38,23; 42,12; 43; 3; Joh 2,10).

Was für ein österliches Bekenntnis, in das nun alle Wesen im Himmel einstimmen: „Die Rettung kommt von unserem Gott, der auf dem Thron sitzt, und von dem Lamm." Mit ihrem „Amen" bestätigen die Engel das Loblied der Geretteten und ehren Gott mit sieben göttlichen Prädikaten, die uns schon von der Anbetung des Lammes bekannt sind: Lob, Herrlichkeit, Weisheit, Dank, Ehre, Macht und Stärke. (Vgl. Apk 5,12.13b)

Danach kommt es zur Deutung der Vision in einer Art kleinem Frage-Antwort-Spiel zwischen einem der Ältesten und Johannes. Vielleicht diente dabei wiederum ein Abschnitt aus dem Propheten Ezechiel als Vorlage (vgl. Ez 37,3f).

Mit einer äußerst gewagten Metapher, dass die weißen Kleider im Blut des Lammes rein gewaschen wurden, beantwortet der Älteste seine eigene Frage.

Vielleicht ist dieses Bild von den frühchristlichen Taufterminologien beeinflusst, wenn das Taufgeschehen als Reinigung durch das Blut Jesu beschrieben wird (vgl. 1 Petr 1,2; Hebr 9,14; 1 Joh 1,7; Eph 5,26; Joh 15,3). Jedenfalls sind es die treuen Christen, die aus der großen Bedrängnis kommen. (Vgl. Apk 3,10; Dan 12,1) Auch Jesus spricht von dieser Bedrängnis in einer seiner Endzeitreden. (Vgl. Mt 24,16–21) In allen Gefahren an Leib und Leben, in allen Verfolgungen, Benachteiligungen und in allen Repressalien sind sie ihrem Glauben an Jesus Christus treu geblieben. So haben sie durch ihr Leiden Anteil an seinem Leiden, durch ihr Blutzeugnis Anteil an seinem Blutzeugnis. Das gleiche Schicksal verbindet sie mit ihrem Herrn. Durch ihre Hingabe sind sie eingetaucht in das Lebens- und Leidensgeheimnis Jesu oder, wie es in der Metapher heißt: Sie haben ihre Gewänder in seinem Blut weiß gewaschen. Somit wurde ihre Alltagskleidung tauglich für den Himmel, für den Gottesdienst, den sie nun in der Ewigkeit feiern. Die gewagte Metapher ist ausdrucksstark. Anders gewendet könnten wir sagen: Sie haben sich nicht eine weiße Weste bewahrt, sondern sie haben sich durch ihr treues Zeugnis für die ewige Gemeinschaft mit Gott qualifiziert. Das ist mehr als äußere Sauberkeit, mehr als Pflege der Fassade. Das ist die Reinheit des Herzens, von der Jesus im Evangelium spricht. (Vgl. Mt 5,8) Das Leben der Erlösten ist vom Kreuz Jesu geprägt. Vor diesem Hintergrund können wir noch einmal zurück in das Kapitel zuvor schauen: Vielleicht ist das blutgetränkte Gewand, das der wiederkommende Christus trägt und dessen Bedeutung uns etwas Kopfzerbrechen bereitete, dann doch eher ein Hinweis auf sein Blut und das Blut seiner Zeugen und nicht Ausdruck von blutiger Vergeltung an seinen Feinden ...

Die Weißgewandeten sind, wie das Lamm, in Treue und Bewährung *ihren* Weg gegangen und haben dafür auch Verwundungen, ja manche sogar den Tod in Kauf genommen. Nun stehen sie ganz und gar unter dem Schutz Gottes, der sie vor allem behütet: „Sie werden nicht hungern und nicht dürsten, nicht wird sie Glutwind und Sonne stechen. Denn er leitet sie voll Erbarmen und führt sie zu den Wasserquellen", wie es schon der Prophet Jesaja verkündete (Jes 49,10). In der Gegenwart Gottes haben alle Qualen ein Ende. Wie das Volk Israel bei seinem Wüstenzug ist Gott ihnen unaufhörlich nahe, indem er schützend sein Zelt über ihnen aufschlägt. (Vgl. Joh 1,14; Apk 21,3) Nun gibt es keinen Mangel und keine Bedrohungen mehr, denn Jesus Christus selbst ist der gute Hirte, der sich liebevoll um sie kümmert.

Wiederum greift Johannes Bilder aus dem Alten Testament auf, wenn etwa der Prophet Ezechiel verkündet, dass Gott sich selbst als sorgender Hirte um sein Volk kümmert, nachdem seine Führer versagt haben, weil sie nur das eigene Wohlergehen und Fortkommen im Blick hatten. (Vgl. Ez 34) Auch finden Motive aus Psalm 23 Verwendung, in dem Gott bekanntermaßen als guter Hirte den Gerechten durch die finstere Schlucht zum Ruheplatz am Wasser führt. Jesus Christus selbst, das geopferte Lamm, wird sie zu diesen Quellen leiten. All das erfahren die Geretteten nun. Kein Schmerz und keine Trauer gibt es mehr. (Vgl. Apk 21,4) Stattdessen werden sie ans Wasser des unzerstörbaren Lebens geführt. (Vgl. Apk 21,3; Joh 4,10–15) Was für eine Ermutigung für die Christen in aller Bedrängnis damals und heute!

Beständigkeit statt Austritt

Wenn ich einen offiziellen Termin wahrnehme, trage ich selbstverständlich das Ordensgewand, den Habit. In letzter Zeit aber mache ich damit zunehmend negative Erfahrungen, so ist zumindest meine Wahrnehmung. Das eine Mal musterte mich eine junge Frau, mit der ich zufällig an einer roten Ampel wartete, von oben bis unten und meinte dann nur: „Schämen Sie sich nicht?" Ich fragte zurück: „Warum soll ich mich schämen?" – „Sie sind doch katholischer Pfarrer – was Ihre Kirche alles angerichtet hat!" Ein klärendes Gespräch war leider nicht möglich, da die Ampel auf Grün schaltete und sie davonradelte. Aber wäre das überhaupt in dieser Situation möglich gewesen? Ein andermal riefen Jugendliche in der U-Bahn hinter mir her: „Kinderficker!" Wieder ein anderes Mal erzählte ein Mitbruder, dass er von einem Mann als „Kirchenschwein" angeraunzt wurde.

Was kann und soll man auf solche Beschimpfungen noch entgegnen?

Oft sind es die Blicke, die einem zugeworfen werden und ein vernichtendes Urteil zum Ausdruck bringen. Während es noch vor 20 Jahren ab und zu anerkennende Worte gab, wenn ich im Habit unterwegs war, erlebe ich heute eher das Gegenteil. Innerhalb kürzester Zeit ist das Image der katholischen Kirche auf einen Tiefpunkt gesunken. Wen wundert das? Mich jedenfalls nicht.

Oft genug schäme ich mich, Repräsentant der katholischen Kirche zu sein, steht sie im öffentlichen Urteil pauschal gesprochen für eine verkorkste Sexualmoral, für ein diskriminierendes Frauenbild, für männerbündische Strukturen, für Vertuschung von Verbrechen an Kindern und vieles andere mehr. Und wenn ich dann im Ordensgewand unterwegs bin, denke ich mir manchmal: Viele, die mich jetzt sehen, meinen, da kommt ein besonders überzeugter Hardliner. An dem lasse ich meinen ganzen Frust und Ärger ab, den ich auf die Kirche habe. Wenn es dadurch zu einer Lösung kommt, indem Menschen Dampf ablassen können, dann hat mein Habit-Tragen ja noch etwas Positives. Aber unangenehm und verletzend bleiben solche Situationen für mich trotzdem.

All das verdeutlicht mir, dass wir uns als Kirche unserer Schuld stellen müssen und nicht nur mit Blick auf die Missbrauchsfälle. Es betrifft noch viele andere Bereiche. Wir können den Menschen nicht mehr glaubwürdig vermitteln, dass wir eine scheinbar „weiße Weste" haben. Das war auch nie Auftrag der Kirche. Das öffentliche Schuldbekenntnis von Papst Johannes Paul II. (1920–2005) im Jubiläumsjahr 2000 war nur ein Anfang. Wir gehen nicht rein und schuldlos durchs Leben; unser aller Taufkleid hat ordentliche Flecken

und es werden auch zukünftig noch so manche hinzukom-
men. Häufig machte es in diesem Zusammenhang auch
den Anschein, als wollten sich Kirchenverantwortliche eine
„weiße Weste" bewahren, die man öffentlich herzeigen kann.
Ich denke da z. B. an den Ausstieg der deutschen Bischöfe aus
der Schwangerschaftskonfliktberatung, die auf Drängen des
Papstes geschah. „Nur nicht die Hände schmutzig machen",
schien es zu heißen, weil wir als Kirchenvertreter Eltern in
Konfliktsituationen beraten und diese dann, nachdem sie ihr
Gewissen geprüft haben und den Beratungsschein in Händen
halten, eine Abtreibung möglicherweise durchführen. Dabei
hat man aber die vielen Kinder vergessen, deren Leben durch
die kompetente Beratung gerettet wurde. Was sind wir ihnen
schuldig?

Andererseits kann es aber auch eine positive Entwicklung
sein, wenn die Kirche an Ansehen und Einfluss in der Gesellschaft verliert. Zunächst mag das ein schmerzlicher Prozess
sein. Das ist verständlich, weil wir Angenehmes, Vorteile
und Privilegien aufgeben müssen. Ich sehe darin ebenso eine
Befreiung.

Christliche Werte, für die es sich lohnt, sich einzusetzen,
müssen dann neu erkämpft werden. Zukünftig werden wir
vermehrt darum ringen und streiten müssen. Es wird öfters
vorkommen, dass uns Kompromisse angeboten werden und
wir jeweils unser Gewissen prüfen müssen, ob in diesen auch
unsere Werte wiederzufinden sind, oder ob wir einen faulen
Kompromiss eingehen. All das braucht Ausdauer, Geduld
und Durchhaltevermögen. Letztlich sind dies die Tugenden,
für die die weiß gewandeten Erlösten in der Apokalypse stehen. Sie haben die Bedrängnisse ausgehalten und in schwierigen Lebenssituationen standgehalten. Ihr langer Atem und

ihre Beharrlichkeit hat sie reingewaschen, sodass ihre Kleider nun strahlen.

Ausdauer und Geduld kosten Zeit, Nerven und Kraft. Nicht umsonst sprechen wir von der „Geduldsprobe" oder vom „Geduldsspiel". Dabei kann es vorkommen, dass uns der sprichwörtliche Geduldsfaden reißt, ja, wir die Geduld sogar verlieren.

Bei all dem dürfen wir nicht vergessen, dass die Geduld eine wichtige Tugend ist, die der eigenen Reifung dient. Geduld lebt von der Hoffnung, dass sich das Warten und Aushalten lohnt, dass es besser wird und etwas Gutes herauskommt, weil alles seine Zeit zum Wachsen und Reifen braucht. Der Geduldige gibt nicht vorschnell auf. Er wartet und lernt dabei beharrlich zu kämpfen. Auch das können wir von den Weißgekleideten der Apokalypse lernen.

Geduld führt ebenso zu Gelassenheit, Langmut und Standhaftigkeit, sodass wir uns fragen: Was ist mir wirklich wichtig? Wofür möchte ich einstehen? Was halte ich aus? Wo bin ich Säule, die verlässlich trägt?

Auch der heilige Benedikt empfiehlt die Geduld als wichtige Tugend, da er davon ausgeht, dass sie das Zusammenleben in der Gemeinschaft prägt und der persönlichen Spiritualität und Christusfrömmigkeit dient. So fordert Benedikt uns Mönche auf, erfahrenes Unrecht geduldig auszuhalten. (Vgl. RB 4,30) Schwierige Kranke sollen trotz ihrer unangemessenen Ansprüche mit Geduld ertragen werden. (Vgl. RB 36,5) Überhaupt sollen die Brüder körperliche und charakterliche Schwächen der anderen mit unerschöpflicher Geduld begegnen. (Vgl. RB 72,5) Geduld ist ebenso im Umgang mit dem Oberen gefragt. Wenn dieser Unmögliches fordert, soll der Mönch seine Gegenargumente geduldig und angemessen vortragen. (Vgl. RB 68,2)

Schließlich sollen die Mönche in allen Widrigkeiten die Weisung des Herrn in Geduld erfüllen. (Vgl. RB 7,42) Das gilt es schon zu Beginn des klösterlichen Lebens zu lernen. Daher wird auch vom Novizen Geduld abverlangt. Schwierigkeiten beim Eintritt soll er geduldig aushalten. Hierin zeigt sich sein Wille zur Beständigkeit, zum Bleiben. (Vgl. RB 58,3) Aber auch die Gemeinschaft soll den Neuen in aller Geduld prüfen und langmütig sein, wenn dieser einen besonderen Eifer an den Tag legt, der vielleicht anderen auf die Nerven geht, oder durch Unwissenheit manch Gewohntes infrage stellt. (Vgl. RB 58,10) Wenn wir all das auf die Gemeinschaft der Kirche übertragen: Wäre das nicht ein Bild von Kirche, die sich derzeit auf einen intensiven synodalen Prozess einlässt?

All diese Empfehlungen zur Geduld bündeln sich im Demutskapitel, in dem Benedikt empfiehlt, besonders bei erfahrenem Unrecht die Geduld bewusst zu umarmen. (Vgl. RB 7,35) Wie ist das möglich, wenn wir uns ungerecht behandelt fühlen? Ist das nicht eine Zumutung?

Ja, das ist es. Es ist eine große Zumutung. Und dennoch: Letztlich funktioniert es nur, wenn wir fest daran glauben, dass Gott mit uns unendlich geduldig ist. Daran erinnert Benedikt im Prolog seiner Regel. „Weißt du nicht, dass Gottes Geduld dich zur Umkehr führt?" (RB Prol 37), heißt es dort. Gott ist geduldig, langmütig und treu. Das sollten wir uns immer wieder in Erinnerung rufen, besonders dann, wenn bei uns der Geduldsfaden zu reißen droht. Gott ist der barmherzige Vater, der so lange wartet und beharrlich Ausschau hält, bis sein Kind zu ihm findet. Diese Geduld zeigt er u. a. im bekannten Gleichnis vom „verlorenen Sohn". Gott hat Geduld mit dem Sohn, der brav zu Hause geblieben ist und den Vater unterstützte und nun nicht verstehen kann, warum auf einmal die Freude und die Barmherzigkeit mit seinem verdorbenen Bruder so groß sind. (Vgl. Lk 15,11–32) Gott ist geduldig, er lässt uns Zeit – die Zeit, die ein jeder von uns braucht, bis er zu ihm zurückfindet – bis er heimfindet in Gottes ausgebreitete Arme. Nichts anderes bringt auch das Gottesbild der Apokalypse zum Ausdruck, wenn Johannes den Thronenden eher passiv erlebt. Gottes große Geduld mit uns Menschen und seiner Schöpfung.

Benedikt empfiehlt uns Mönchen, die Geduld zu umarmen, denn, so lautet die Verheißung, die der Mönchsvater als Motiv dahinter benennt: „All das überwinden wir durch den, der uns geliebt hat." (RB 7,39; Röm 8,37) Im lateinischen Begriff für „Geduld", *patientia*, steckt das Verb *pati*, was „leiden" und „erdulden" bedeutet. Es erinnert an die Leidensgeschichte, die Passion Jesu.

Die Geduld bewusst umarmen, weil wir geliebt werden – *conscientia patientiam amplectatur*, so heißt es im Lateinischen. *Amplecti* bedeutet „festhalten, bewahren, umarmen". Der *amplexus* ist der Umarmte, der festgehalten und bewahrt wird in der Liebe Gottes. Dazu gibt es eine eindrucksvolle Legende: Ein Mönch namens Menardus beobachtete einmal den heiligen Bernhard von Clairvaux, wie dieser inbrünstig vor dem Gekreuzigten betete. Plötzlich soll sich der Gekreuzigte vom Kreuz gelöst und Bernhard umarmt haben...

Vielleicht hilft uns diese Legende zu verstehen, was es heißt, dass die Kleider der Bedrängten im Blut des Lammes weiß geworden sind. In ihrem Aushalten und Leiden haben sie erfahren, wie sehr Jesus sie liebt, wie sehr er sie mit seiner Liebe umhüllt.

Im Hinblick auf die großen Herausforderungen, vor der Kirche und Gesellschaft heute stehen, ist uns als Christen die Geduld und der lange Atem gut angeraten zum Einstehen für

Werte, zum Durchhalten im Ringen, zum Ernstnehmen von schwierigen Situationen. Das gilt für den mühsamen Prozess des Lebens- und des Klimaschutzes ebenso wie für die Suche nach friedlichen Lösungen für Konflikte oder die Erhaltung demokratischer Werte. Es gilt aber auch für den angestoßenen synodalen Prozess, der der Erneuerung der Kirche dienen soll.

So verstanden ist die Geduld Ausdrucksform der Beständigkeit, die wir als Mönche Benedikts bei unserer Profess versprochen haben. Wir sprechen in diesem Zusammenhang von der *stabilitas loci* , die bedeutet, dass Benediktiner in ein festes Kloster eintreten und an einem Ort bleiben. Allerdings findet sich diese Bezeichnung in unserer Regel so nicht wieder. Der Mönchsvater spricht von der *stabilitas in congregatione,* von der Beständigkeit in der Gemeinschaft. Er will, dass ein Mönch in einem konkreten Kloster bleibt und nicht von einem zum anderen zieht. (Vgl. RB 1,10–11) Zudem empfiehlt er, dass das Kloster so angelegt ist, dass alles Lebensnotwendige sich innerhalb seiner Mauern befindet, denn das Umherschweifen sei für Mönche überhaupt nicht gut. (Vgl. RB 67,6–7) Diese äußeren Umstände sollen dem Mönch zu einer inneren Beständigkeit verhelfen. Am Ende des Kapitels über die Werkzeuge der geistlichen Kunst, das alle möglichen Empfehlungen und Anweisungen für ein gelingendes geistliches Leben in Gemeinschaft enthält, empfiehlt Benedikt dann: „Die Werkstatt aber, in der wir das alles sorgfältig verwirklichen sollen, ist der Bereich des Klosters und die Beständigkeit in der Gemeinschaft (*stabilitas in congregatione*)." (RB 4,78) Dieses Bild der Werkstatt unterstreicht, dass die Gemeinschaft immer wieder erarbeitet werden muss. „Wo gehobelt wird, dort fallen Späne!", lautet ein Sprichwort, und so verhält es sich auch mit der Gemeinschaft. Letztlich dient uns

Benediktinermönchen die Beständigkeit in der Gemeinschaft unserem eigenen Reifungsprozess und damit auch der ständigen Erneuerung der Gemeinschaft.

Dieser Gedanke lässt sich auf die Kirche und auch auf die Gesellschaft im Allgemeinen übertragen. Von einer Bekannten wurde ich neulich gefragt, ob ich nicht auch aus der Kirche austreten würde, wenn ich das könnte. Der Reformstau sei nun mal immens und bewegen würde sich überhaupt nichts. Es ginge aus ihrer Sicht heraus um den reinen Machterhalt, wenn etwa Frauen nicht zu den Diensten zugelassen werden würden. Das hätte überhaupt nichts mit dem Evangelium zu tun ...

Diese Unterhaltung hat in mir erneut einen Denkprozess angestoßen und ich habe mich intensiver mit dem von ihr angesprochenen Gedanken des Austritts beschäftigt. Doch ich stelle mir die Frage: Was würde ein Austritt letztlich bringen? Es wäre in meinen Augen ein einmaliger Protestschritt. Mir scheint in diesem Zusammenhang das Gelübde der Beständigkeit bedeutender. Freilich ärgert mich so manches in und an unserer Kirche und vieles in ihrer jüngeren Vergangenheit empfinde ich als beschämend. Aber ich sehe ebenso das viele Gute, das im kirchlichen Raum geschieht und das ich selbst erfahren habe und immer wieder erfahren darf. *Das* ist für mich verpflichtend, der Glaubensgemeinschaft, in die ich hineingeboren bin, nicht den Rücken zuzukehren, sondern weiterhin in ihr zu bleiben und mich für ihre Erneuerung im Geist des Evangeliums einzusetzen. Das aber bedeutet Auseinandersetzung und ein mühsames Ringen. Es verlangt einem viel ab. Jeder, der sich für die Kirche einsetzt, holt sich Blessuren und enttäuscht bzw. verletzt ebenso andere. Das lässt sich leider nicht vermeiden. Mich tröstet in diesem Zusammenhang der Blick in die Kirchengeschichte und die Erinnerung daran, dass die Gemeinden Kleinasiens keine homogenen Gruppen waren. Auch sie hatten ihre innerkirchlichen Streitigkeiten, bei denen Johannes eindeutig Position bezog und nicht gerade zimperlich mit seinen Gegnern umging. Hinzu kamen Anfeindungen von außen... Es scheint sich doch vieles zu ähneln.

Bei all dem gilt es das Wesentliche unseres Glaubens nicht aus dem Blick zu verlieren, das, was uns als Gemeinschaft zusammenhält: Durch die Auferweckung seines Sohnes hat Gott den Tod besiegt, er hat die Menschheit von allen existenziellen Ängsten befreit! Wir brauchen keine Angst zu haben, denn Gott will das Leben! Diese Botschaft gilt es weiterzugeben und für diese Botschaft gilt es einzustehen. Bestimmt wird es auch zukünftig viele innerkirchliche Enttäuschungen geben. Bei allem guten Willen haben wir in der Geschichte Fehler gemacht, die wir als Ballast mit uns herumschleppen, und es kommen ständig neue Verfehlungen hinzu. Wir können uns die „weiße Weste" gar nicht bewahren, aber darum geht es auch nicht beim Christsein. Ich glaube, es braucht ein neues Bewusstsein davon, was Sünde ist, so wie wir es oben schon betrachtet haben. Der Mensch verfehlt sich, wenn er sich an die Stelle Gottes setzt, und ebenso dann, wenn er beispielsweise apodiktisch festlegt, was Gott will. Doch woher will der Mensch wissen, was Gott will? Ich empfinde es als Anmaßung und frage mich, ob hier nicht mehr Ehrfurcht vor dem Geheimnis Gottes angeraten wäre?! Es braucht die Umkehr, immer wieder aufs Neue. Sie ist ein wesentlicher Aspekt der Beständigkeit in jeder Beziehung. Es ist die Haltung: „Ich bleibe dran an mir und an dir zu arbeiten!", weil ich an einen Gott glaube, der an mir und an dir dran bleibt, weil er uns leidenschaftlich liebt. Aber dieser mühsame Prozess der Umkehr und der Hingabe, die unser ganzes Leben fordert, eröffnet den Himmel. Und vielleicht schaffen wir Schwarzgewandeten es durch unsere *stabilitas* ja, dass unsere Gewänder im Blut des Lammes weiß werden.

Endvision

Das neue Jerusalem

Summus finis – das letzte Ende, oder, wie man auch übersetzen könnte: das höchste Ziel. Diese beiden lateinischen Worte stehen auf Carl Orffs (1895–1982) Grabstein in unserer Andechser Wallfahrtskirche. In ihrer Schlichtheit beeindruckt mich die Aufschrift. Die Worte sind seinem *Spiel vom Ende der Zeiten* (Uraufführung 1973) entnommen. In diesem widmet sich der Komponist weniger der Frage, woher das Böse kommt, sondern, wohin es geht. Der Inhalt kann kurz wiedergegeben werden: Während ein Chor von Sybillen die ewige Höllenpein ankündigt, hält eine Gemeinschaft von Mönchen dagegen, dass es am Ende der Zeiten keine Strafen mehr gibt. Sie müssen wie alles andere auch vergehen. Dann tritt der Teufel höchstpersönlich auf und bekennt drei Mal seinem Schöpfer: „Vater, ich habe gesündigt – *pater peccavi!*" Immer mehr in das Licht der Ewigkeit eingehüllt, fallen seine Maske und seine Waffen Stück für Stück ab. So wird er gleichsam „entteufelt" und durch das göttliche Licht wieder zu dem, was er ursprünglich war: „Lucifer" – zu Deutsch: der „Lichtträger". Abschließend singt die Stimme der Welt: „Ich komme zu Dir, Du bist der Tröster und das letzte Ziel."

Mit seiner Grabinschrift, die er selbst ausgewählt hat, unterstreicht Carl Orff ganz im Sinne der Apokalypse, dass am

Ende nicht Vernichtung oder ewige Qualen stehen, sondern die Vollendung und, wie er es nennt, die „Vergessung aller Schuld". Damit löst er die Theodizeefrage – Woher kommt das Böse? – in die Antwort auf, wohin das Böse geht, nämlich in die lichtvolle Vollendung Gottes. Am Ende steht für Orff die „Wiederherstellung aller und von allem". Letztlich ist für ihn das höchste Ziel nicht irgendetwas im Leben, sondern Gott und die heilsame Begegnung mit ihm.

So verstanden können wir die Zusage Gottes hören: „Ich komme zu dir!" Nichts anderes sieht Johannes in seinen Bildern als abschließende Vision seiner Apokalypse:

Dann sah ich einen neuen Himmel und eine neue Erde; denn der erste Himmel und die erste Erde sind vergangen, auch das Meer ist nicht mehr. Und die heilige Stadt, das neue Jerusalem, sah ich von Gott her aus dem Himmel herabsteigen, bereit wie eine Braut, die sich für ihren Mann geschmückt hat. Und ich hörte eine gewaltige Stimme vom Thron her rufen: Seht, das Zelt Gottes unter den Menschen! Er wird in ihrer Mitte wohnen und sie werden seine Völker sein und er selbst, Gott mit ihnen, wird ihr Gott sein. Er wird jede Träne von ihren Augen abwischen und es wird keinen Tod mehr geben; auch keine Trauer, keine Klage, keine Mühsal wird es mehr geben; denn das Frühere ist vergangen. Und er, der auf dem Thron saß, sprach: Seht, ich mache alles neu. Und er sagte: Schreib, denn diese Worte sind zuverlässig und wahr. Er sagte zu mir: Es ist geschehen. Ich bin das Alpha und das Omega, der Anfang und das Ende. Ich werde dem Dürstenden umsonst vom Quell des Lebenswassers geben. Der Sieger wird dies als Erbe empfangen: Ich werde ihm Gott sein und er wird mir Sohn sein. Aber die Feiglinge und die Treulosen, die Befleckten und die Mörder, die Unzüchtigen und die Zauberer, die Götzendiener und die

Lügner, alle haben ihren Anteil im See, der von Feuer und Schwefel brennt. Das ist der zweite Tod.

Apk 21,1–8

Am Ende schafft Gott nicht etwas Neues, wie es im Propheten Jesaja heißt („Doch denkt nicht mehr an das, was früher geschah, schaut nicht mehr auf das, was längst vergangen ist! Seht, ich schaffe Neues"; Jes 43,18–19a), sondern er macht alles neu. Wie das geschieht, sieht Johannes nicht. Aber wir können mit ihm das große Finale erleben, das Happy End. Das Gericht ist nicht das Ende, sondern wird dem Willen Gottes, alles zu heilen, untergeordnet. Mit der Erschaffung der neuen Welt kommt die Apokalypse zu ihrem Ziel. Nun wird endgültig enthüllt und veröffentlicht, was Gott will: einen totalen Neuanfang! Dabei fällt auf, dass Johannes nicht nur eine neue Erde sieht, sondern auch einen neuen Himmel. Der alte Kosmos ist für immer verschwunden. Ausdrücklich wird darauf hingewiesen, dass es das Meer nicht mehr gibt. Der dunkle, unheimliche Grenzbereich zur Unterwelt, der den dämonischen Kräften Unterschlupf bot, ist nicht mehr existent. In der neuen Welt, die von Gott her kommt, gibt es keinen Raum mehr für das Böse, es gibt nichts mehr, wo es sich verstecken könnte.

Nun sieht Johannes das neue Jerusalem wie eine Braut festlich und wunderschön geschmückt. Worin ihr Schmuck besteht, wird allerdings erst später verraten. (Vgl. Apk 22) Mich erinnert diese Beschreibung an so manche Hochzeiten in Andechs. Häufig warten vor der Kirchentür Passanten neugierig darauf, die Braut zu sehen. Und oft werde ich nach Trauungen gefragt, was denn die Braut getragen hat.

Der Vergleich des neuen Jerusalems mit einer Braut steht für eine lebendige Beziehung, für Sehnsucht nach Vereinigung und liebende Intimität, für einen glücklichen Anfang. Die Hochzeit kann beginnen, das höchste Ziel ist beinahe erreicht. Das himmlische Jerusalem ist bereit, seinem Bräutigam zu begegnen, mit ihm eins zu werden, ihn aufzunehmen, oder, um im nächsten Bild zu sprechen, ganz und gar die Wohnstätte Gottes zu sein.

Auch dieser Gedanke findet sich schon im Alten Testament. Jesaja und Ezechiel verkünden beispielsweise die Erneuerung Jerusalems als heilige Stadt. (Vgl. Jes 54; 60; Ez 40–48) Diese kommt vom Himmel herab. Wie bei der Menschwerdung und bei der Passion geht Gott auch am Ende konsequent den Weg von oben nach unten auf den Menschen zu. Das ist unsere Zukunft.

Die Braut Jerusalem ist zugleich ein Kontrastbild zur Hure Babylon, der es nur um den eigenen Vorteil und die eigene Erhöhung ging, die jedoch durch ihre Gottlosigkeit ins Verderben gestürzt wurde. Das neue Jerusalem hingegen ist ganz und gar von Gott erfüllt, von seiner heilenden und sich verschenkenden Gegenwart. (Vgl. Apk 21,22–27) Damit ist Gott kein abgehobenes, unnahbares Wesen, so wie er uns bisweilen auch in den Visionen der Apokalypse als in der Ferne Thronender gezeigt wurde. Wie am Anfang bei der Schöpfung ist er den Menschen nah und sucht die unmittelbare Begegnung mit ihnen (vgl. Gen 3), wenn er sein Zelt bei ihnen aufschlägt (vgl. Joh 1,14). Das Zelt erinnert an das Bundeszelt beim Exodus und steht für etwas Lebendiges und Bewegliches, das auf- und abgebaut werden kann. Eine lebendige Beziehung ist nicht statisch oder starr. Wir könnten auch sagen: Am Ende tauchen wir ein in das pure Leben, das Gott ist.

Diese lebendige Gemeinschaft zwischen Mensch und Gott schließt niemanden aus. Wie wir schon gesehen haben, gilt sein Heil allen Völkern, die durch sein Entgegenkommen zur neuen Menschheit vereint werden (vgl. Sach 2,15). Jede Form von Exklusivität ist aufgehoben, denn der „Gott mit ihnen" wird ihr Gott sein. Das, was bereits Mose am brennenden Dornbusch erlebte, als Gott ihn seinen Namen „Ich bin der Ich-bin" offenbarte (vgl. Ex 3,14), wird am Ende der Zeiten Wirklichkeit sein. Für mich sind diese Bilder berührend. Voller Zärtlichkeit kümmert Gott sich selbst um diese neue Menschheit, indem er höchstpersönlich jede(!) Träne abwischen wird. Der Tod hat seine Daseinsberechtigung verloren. Ihn gibt es nicht mehr und mit ihm auch nicht seine Vorläufer, die vier apokalyptischen Reiter sowie alle finsteren Mächte. Alles, was sie an Leid über die Menschheit gebracht haben, ist von ihr genommen, wird sorgsam und zärtlich wie eine Träne aus dem Auge gewischt. Dieses anrührende Bild vom Tränen-trocknenden Gott kann sich in unserer Fantasie verlebendigen: So sehe ich eine Mutter vor mir, die zärtlich und liebevoll mit dem Zipfel eines Taschentuchs ihrem Kind die Tränen aus den Augen wischt. So wird alles neu!

Wir könnten auch sagen: Alles, was das Leben einschränkt, mindert, bedroht oder nimmt, von dem so oft in der Apokalypse die Rede war, hat in dieser neuen Welt Gottes keinen Platz mehr. Selbst der Tod ist nicht mehr. Durch diese negative Beschreibung des Glücks wird deutlich, dass es weder um Verbesserung der gegenwärtigen Welt geht, noch um die Steigerung dessen, was wir derzeit als gut erleben. Die Neuschöpfung durch Gott kann nicht positiv beschrieben werden, weil sie das Neue schlechthin ist.

Zum zweiten und zum letzten Mal in der Apokalypse ergreift dabei Gott selbst das Wort: „Seht, ich mache alles neu." (Apk 21,5; vgl. dazu Apk 1,8) Es ist interessant, dass im Griechischen hier nicht *neos* steht, was etwas vorübergehend Neues bezeichnet, sondern das Wort *kainos*. *Kainos* meint etwas wesenhaft Neues. Alles wird *wesenhaft* neu durch Gottes Willen und die lebendige Beziehung mit ihm.

Wie schon zu Beginn gibt auch jetzt, am Ende, Gott dem Seher die Anweisung, dies alles aufzuschreiben. Auch für spätere Zeiten soll festgehalten werden, dass er als Erster und Letzter der Herr der Geschichte ist und einen Neuanfang setzen wird. Damit wird ein weiter Bogen über die ganze Apokalypse gespannt, der die Endvision an die Auftaktvision rückbindet. Gott wird den Lebensdurst stillen, und zwar umsonst. (Vgl. Jes 55,1; Mt 5,6; Joh 4,10–14; Joh 7,37f) So wie das Lamm, das die Erlösten zu den Quellwassern des Lebens führt (vgl. Apk 6,17), so präsentiert sich in der neuen Stadt Gott als der gute Hirte und der sorgende Vater, der neues Leben schenkt. Nicht durch unsere Werke, sondern allein durch seine Initiative wird uns das Neue geschenkt. Aus seiner Gnade oder lateinisch ausgedrückt *gratis*, also gratis im Sinne von kostenlos, umsonst. Dieses vorbehaltlose Verschenken Gottes an den Menschen ermöglicht ihm eine wesenhaft neue Daseinsform. Alle, die dieses Geschenk annehmen, werden seine Söhne sein, sie werden wie das Lamm, wie Jesus Christus, teilhaben an seinem Leben in Fülle. Diese Sohnschaft ist nochmals eine Steigerung des Priesterseins, das den weiß Gekleideten angekündigt wurde (vgl. Apk 1,6; 5,10; 20,6). Als Söhne Gottes, als seine geliebten Kinder wird an der neuen Heilsgemeinde sichtbar, wie der Vater ist.

Eigentlich könnten wir jetzt schwelgen und schwärmen und uns verlieren in diesen wunderbaren Bildern. Doch Johannes sieht nochmals auf die Wirklichkeit in seinen Gemeinden. Daher streut er „Asche auf die Sahnetorte", wenn er nun einen Lasterkatalog an diese wunderschöne Vision von der Braut und der neuen Stadt anhängt und all denen, die sich durch ihr Tun der neuen Wirklichkeit Gottes verschließen, den Feuersee ankündigt. Bei allem Heilsoptimismus und bei allen hoffnungsfrohen Ausblicken, Johannes ist und bleibt der Realist, der zur Wachsamkeit im Hier und Heute mahnt. Sein Appell lautet: Das Geschenk Gottes, das neue Leben, gilt es anzunehmen und sein Leben im Diesseits konsequent daran auszurichten. Das bedeutet aber auch, zu gottlosen Angeboten entschieden *Nein* zu sagen.

Anscheinend hat Johannes Bedenken, dass manche Mitglieder seiner Gemeinden schwach oder abtrünnig werden könnten in all dem, was ihnen ihr wohlhabendes Umfeld bietet. So nennt er an erster Stelle die Feiglinge und die Treulosen und meint damit in erster Linie all diejenigen, die sich mit dem römischen Imperium arrangieren oder gar vom Glauben abgefallen sind. Hinzu kommen alle anderen, die sich durch ihre Taten wie z. B. Mord, Magie oder Lüge von Gott und seinem Heilsplan abgewandt haben. Daher mahnt er abschließend: Jeder, der sich der Liebe und sorgenden Zuwendung Gottes verschließt bzw. diese leugnet, wird den zweiten Tod sterben. Er lebt schon im Hier und Heute im Zustand der Hölle.

Damit liegt eine eigenartige Spannung über dieser letzten Vision, eine Spannung, die das ganze Buch durchzieht. Zum einen ist das Meer nicht mehr da und alles, was ist, ist neu und von Gottes Gegenwart erfüllt. Zum anderen ist nochmals vom Feuersee die Rede, in dem zuvor die teuflischen Mächte und der Tod vernichtet wurden. Alle Gottlosigkeit, alle Kräfte, die sich gegen den Willen Gottes stellen, finden in ihm sein Ende.

Positiv gewendet bedeutet das: Bis zum Ende respektiert Gott die Freiheit des Menschen. Er kann sich auch in der letzten Begegnung der Liebe Gottes und dem neuen Leben entgegensetzen und dazu *Nein* sagen. Damit bringt Johannes die ganze Wahrheit ins Bild: Niemals drängt Gott sich mit seiner Liebe auf. Er erwartet von uns ein freies „Ja". Es gibt verfehltes Leben, das sich auch am Ende der Liebe Gottes verschließen kann. Erst wenn wir endgültig „Ja" sagen zum Leben und zur Gemeinschaft mit Gott, werden wir endgültig zur Erkenntnis geführt werden, was in unserem Leben dem Willen Gottes entsprach und was nicht. Das ermöglicht es uns, all unsere Verfehlungen im Feuersee zu vernichten, sodass in Gottes Licht und Gegenwart alle teuflischen Entfremdungen wie Masken von uns abfallen können. Danach werden wir ganz und gar in die Lebensgemeinschaft mit Gott als seine Kinder eintauchen.

Neuanfang statt Weltuntergang

„Gedanken über das Jenseits kann man natürlich nur im Diesseits haben. Im Jenseits über das Diesseits nachzudenken, ist schon zweifelhaft – vielleicht ausgeschlossen", bringt es Karl Valentin (1882–1948) humorvoll auf den Punkt. Johannes kehrt ins Diesseits zurück, wenn er nach der Vision vom neuen Jerusalem warnende Worte für seine Gemeinden findet und das Geschäft mit der Angst bedient. Wer möchte schon im Feuersee landen? Ich nicht! Lange genug hat die Kirche mit ewigen Höllenqualen und Fegefeuer gedroht und dadurch mehr oder weniger erfolgreich versucht, Menschen auf den rechten Weg zu bringen. Doch sind das die richtigen Motive, die uns zur Umkehr und damit zur Hinwendung zu Gott bewegen? Auch die Benediktsregel steht in dieser Tradition und spricht an einigen Stellen von der Furcht vor der Hölle und warnt vor Wegen, die in ihren Abgrund führen. (Vgl. RB

4,45; 5,3; 7,11.21; 72,1) Als junger Mönch habe ich mich damit sehr schwer getan. Ein älterer Mitbruder, der inzwischen verstorben ist, hat mir damals die Augen geöffnet, indem er sinngemäß zu mir sagte: „Die Hölle ist genauso wenig wie der Himmel ein Ort. Beide sind ein Zustand: Der Himmel ist das Erleben absoluten Glücks, das wir Gott nennen. Die Hölle dagegen ist das Erleben absoluter Leere und Sinnlosigkeit." Der Gedanke lässt mich seitdem nicht mehr los und hilft mir weiter, wenn ich an Menschen denke, die in ihrem Leben sprichwörtlich „durch die Hölle gehen" mussten oder „den Himmel auf Erden" erlebten.

Wenn Jesus in den Evangelien von der Hölle redet, dann macht er auf eine Grundsatzentscheidung aufmerksam, die im Diesseits zu treffen ist. Er appelliert daran, das Gute zu wählen und sich dadurch bewusst oder unbewusst Gott zuzuwenden, aber er beschreibt kein zukünftiges Schicksal. Das ist für mich ein wichtiger Aspekt, denn es bedeutet: Nicht Gott schickt den Menschen in die Hölle, sondern der Mensch wählt sie als Möglichkeit und entzieht sich somit dem Guten. Alles Böse, was Menschen tun, oder getan haben, und was unsägliches Leid nach sich zog, entspricht dem Zustand der Hölle. Gott dagegen will das Heil und das Wohlergehen des Menschen. Er will, dass er glücklich ist und so in den Zustand des Himmels kommt.

Dieser Gedanke lässt sich noch weiterführen: So finde ich es interessant, dass die Kirche in ihrer Geschichte unzählige Menschen heiliggesprochen hat und damit ihren Glauben ausdrückt, dass diese in der Ewigkeit ganz bei Gott glücklich sind – also sich im Zustand des Himmels befinden. Allerdings kam es nie dazu, dass Menschen durch die Kirche in die Hölle verdammt wurden. Selbst die größten Verbrecher der jüngeren Geschichte, wie beispielsweise Adolf Hitler (1889–1945) oder Josef Stalin (1878–1953), wurden nie für ewig verdammt erklärt. Auch ihnen wird die Möglichkeit zur Umkehr offengelassen, indem sie ihre Schuld bekennen: „Vater, ich habe gesündigt!" Ganz auf dieser Linie droht der Seher Johannes seinen Zeitgenossen nur die Möglichkeit des zweiten Todes an, indem er, wie Jesus im Evangelium, vom Diesseits aus mit Blick auf das Jenseits mit dem Feuersee droht. Wie schon erwähnt, handelt es sich dabei immer um unsere Freiheit, die Gott bis zum Ende respektiert, und es ist immer unsere freie Entscheidung, was wir wählen. Gottes letzte Frage nach aller notwendigen Läuterung von unseren Verfehlungen wird vereinfacht lauten: Willst du zu mir kommen, mit mir leben und in meiner Liebe glücklich sein?

Wir können diese Frage mit „Ja" oder mit „Nein" beantworten. So verstanden muss es die Hölle als „reale Möglichkeit" geben, wie Karl Rahner (1904–1984) einmal gesagt haben soll, aber die Hölle könnte „am Ende leer" sein, weil wir uns dieser liebevollen Einladung Gottes nicht entziehen wollen.

Theologisch gesprochen beschreibt dieses Entgegenkommen Gottes der Begriff der Gnade, im Griechischen *charis*. Unser französisches Lehnwort „Charme" leitet sich davon ab. Wenn wir also von der Gnade Gottes, von seiner liebevollen Zuwendung sprechen, könnten wir auch vereinfacht sagen: Gott ist charmant. Bis zum Ende wirbt er liebevoll um uns, aber er will uns dabei niemals wie ein Hochzeitsschwindler über den Tisch ziehen. Das gilt auch für die letzte und entscheidende Begegnung mit ihm in der Stunde unseres Todes. Gott ist und bleibt charmant, liebevoll und werbend uns zugewandt. Gratis bietet er uns das Wasser des Lebens an, wie es geheißen hat, und will sich mit uns vermählen.

Diesen Gedanken finden wir in der Benediktsregel wieder. Im siebten Kapitel entwirft der Mönchsvater ein Modell, wie wir über zwölf Stufen der Demut zu Gott gelangen können, also in den Zustand des Himmels. Am Ende stellt er fest: „Wenn also der Mönch alle Stufen auf dem Wege der Demut erstiegen hat, gelangt er alsbald zu jener vollendeten Gottesliebe, die alle Furcht vertreibt. Aus dieser Liebe wird er alles, was er bisher nicht ohne Angst beobachtet hat, von nun an ganz mühelos, gleichsam natürlich und aus Gewöhnung einhalten, nicht mehr aus Furcht vor der Hölle, sondern aus Liebe zu Christus, aus guter Gewohnheit und aus Freude an der Tugend." (RB 7,67–69) Es ist interessant, dass die ältere Magisterregel, an der sich Benedikt als Vorlage orientiert, ein anderes Motiv benennt, wenn es bei ihr heißt: „… nicht aus Furcht vor der Hölle, sondern aus Liebe zu der guten Gewohnheit." Das ist offensichtlich Benedikt zu wenig. Ihm geht es nicht um die gute Gewohnheit, sondern um eine lebendige Gottesbeziehung, die uns Menschen glücklich macht. Daher ändert er die Stelle und spricht „von der Liebe zu Christus". Im Lateinischen steht hier: *Amore Christi*. Diese Worte lassen sich auch übersetzten: „Aus der Liebe heraus, die Christus zu uns hat", also im Vertrauen darauf, dass wir von Gottes Sohn zuerst geliebt sind, können wir diese Liebe erwidern und leben. Er macht das erste Angebot, indem er uns den Freitrunk aus dem Lebensquell entgegenstreckt. Dann geht es aber nicht mehr um reine Pflichterfüllung aus Angst, durch einen Fehltritt in der Hölle zu landen, sondern um eine gelebte Beziehung, wie sie schon im Prolog der Benediktsregel anklingt, wenn dem Leser die Frage gestellt wird: „Wer ist der Mensch, der das Leben liebt und gute Tage zu sehen wünscht? Wenn du das hörst und antwortest: Ich, dann sagt Gott zu dir: Willst du wahres und unvergängliches Leben, bewahre deine Zunge vor Bösem und deine Lippen vor falscher Rede! Wende dich ab vom Bösen und tu das Gute; suche den Frieden und jage ihm nach! Wenn ihr das tut, blicken meine Augen auf euch und meine Ohren hören auf eure Gebete; und noch bevor ihr zu mir ruft, sage ich euch: Seht, ich bin da." (RB Prol 15–18)

Und damit sind wir wiederum beim großen Anliegen, das Johannes umtreibt, wenn er sich im Diesseits Gedanken über das Jenseits macht. Es geht ihm um Gottes Gegenwart in dieser Welt, die zugleich unser Ziel sein wird. Die Vision vom neuen Jerusalem, das von Gott auf uns zukommt, und seine Zusage: „Seht, ich mache alles neu!", die Johannes hört, ermutigen dazu, schon jetzt im Diesseits ganz in der Gegenwart Gottes zu leben, oder es zumindest einzuüben.

„Gott ist da!", so lautet die Überzeugung des Sehers, wenn sich Menschen auf ihn einlassen und mit seiner Gegenwart rechnen. Gerade im zwischenmenschlichen Miteinander, in der Vermeidung des Bösen und in der Suche nach Frieden, wie es in der Benediktsregel heißt, ist der Himmel gegenwärtig, wird die Atmosphäre des neuen Jerusalem spürbar. Dann, wenn eine Mutter liebevoll ihr Kind tröstet und seine Tränen abwischt oder einem Dürstenden gratis ein Glas Wasser gereicht wird, wird Gottes Heilshandeln an uns schon heute erfahrbar, brechen der neue Himmel und die neue Erde an. Immer dann, wenn Menschen nicht müde werden, an einer gerechten Ordnung zu arbeiten, indem sie Not und Leid wenden wollen, wird das neue Jerusalem sichtbar, das erfüllt ist von der Gegenwart Gottes.

Aus dem Blickwinkel der Ewigkeit heraus werden die Kategorien von Raum und Zeit, die unser Leben im Diesseits prägen, durchbrochen. Nichts anderes erlebt Johannes immer wieder in seinen Visionen, wenn er den Himmel offen sieht und die gewaltige Stimme des Thronenden hört. Dabei geht es ihm nicht um eine Vertröstung auf das Jenseits, die den Christen oft vorgeworfen wurde und manchmal noch wird.

Vielmehr soll im Diesseits etwas erfahrbar werden von der Wirklichkeit Gottes, die auf uns ganz neu zukommen wird. Dann, wenn wir durch unser Tun bewusst oder unbewusst Menschen den Zustand des Himmels vermitteln, sind wir wirklich Kinder Gottes. Ganz der Vater, leben wir seine Mütterlichkeit und machen wir seine Stimme in der Welt vernehmbar. So können wir antithetisch im Sinn der Bergpredigt den Lasterkatalog am Ende der betrachteten Vision wenden: Selig sind die Mutigen, die nicht feige aufgeben, sondern durchhalten. Selig sind die Treuen, die dranbleiben. Selig sind, die reinen Herzens sind, die Gutes denken und tun. Selig sind, die das Leben lieben und fördern. Selig sind, die Gott vertrauen und nicht anderen Götzen nachlaufen. Selig sind, die die Gottesbeziehung leben und dem Aberglauben widerstehen. Selig sind, die um die Wahrheit ringen ... In diesen Haltungen sind wir Gottes Kinder, wird im Diesseits das Jenseits erfahrbar.

Diese Gotteskindschaft aber kann keinen Menschen guten Willens mehr ausschließen. Daher steht am Ende nicht mehr ein exklusiv ausgewähltes Volk, weder das Volk Israel noch das neue Volk Gottes, als das sich die Kirche gerne sieht. Johannes sieht und hört etwas anderes: Gott wird bei *allen* Völkern sein Zelt aufschlagen und sie werden seine Völker sein. Hier ist nicht die Rede davon, dass aus ihnen ein neues Volk gebildet wird. Vielmehr zeichnet sich das Neue dadurch aus, dass Vielfalt und Pluralität im neuen Jerusalem gelebt werden. Toleranz, Wohlwollen, Interesse, Weitherzigkeit und dergleichen mehr schmücken wie kostbare Edelsteine die Braut, mit der sich Gott vermählt. Das aber sollte uns nachdenklich stimmen und demütig machen, wenn wir an manche exklusiven Glaubensansprüche des Christentums oder anderer Religionen und Weltanschauungen denken.

Anscheinend ist das Geheimnis Gottes, das wir Liebe nennen, viel größer als unsere engen Vorstellungsmöglichkeiten und Erfahrungshorizonte im Diesseits. Johannes jedenfalls hört, dass das Frühere vergangen ist. Mit ihm haben auch unsere Vorurteile, unsere gegenseitigen Abwertungen und Aggressionen ein Ende gefunden. Mag das auch auf manche dogmatischen Ansprüche zutreffen? Keine Trauer, keine Klage, keine Mühsal gibt es mehr. Es wird und wurde regiert, sodass alles neu ist, von nie gehabter Lebensqualität.

Auch dieser jenseitige Gedanke mag im Diesseits entlasten. Es ist nicht fünf nach zwölf, wie oft zu hören ist. Der Weltuntergang wurde nicht eingeläutet. Bei aller berechtigten Sorge um die Zukunft der Erde und bei allen Befürchtungen und Ängsten, die uns umtreiben und bisweilen schwer auf uns lasten, bei aller Scham angesichts unseres kirchlichen Versagens, steht am Ende nicht die Vernichtung, sondern der Neuanfang. Dieser hat bereits mit Ostern begonnen. Durch die Auferweckung seines Sohnes hat Gott ein für alle Mal sein „Ja" zum Leben gesprochen. Das ist die Zeitenwende und dieser Neuanfang ist zugleich das Ziel unseres Daseins, denn: „Es wird keinen Tod mehr geben." (Apk 21,4)

Am Ende der Apokalypse sieht Johannes nicht den Weltuntergang oder die Katastrophe einer zerstörten Kultur, sondern das neue Jerusalem. Anstelle des Gartens, mit dem Gott sein Schöpfungswerk begonnen hat, steht nun die Stadt. In der Vision vom neuen Jerusalem spricht Gott sein „Ja" auch zum kulturellen Schaffen des Menschen, zu seiner Geschichte, dass dieser sich in der Welt einrichtet und diese zum Guten gestalten will. Babylon dagegen gibt es, wie den Tod, nicht mehr. In der neuen Stadt stellt Gott selbst dar, wie er die Zukunft des Menschen und seiner Schöpfung sieht. Indem er selbst in ihr, ganz ohne Tempel, unmittelbar gegenwärtig ist (vgl. Apk 21,22), d. h. auch den Kult und seinen notwendigen Apparat gibt es nicht mehr. Alles, was von ihm geschaffen wurde, hat in dieser Stadt bleibendes Wohnrecht. Alles Lebendige ist bleibend beim Lebendigen beheimatet und lebt aus seiner Beziehung.

Diese letzte Vision, die wir betrachtet haben, ist die pure Ermunterung: Lernt in Gottes Gegenwart zu leben und versucht der Angst zu widerstehen. Habt keine Torschlusspanik, denn das Neue kommt von ihm auf euch zu. Lebt aus dem Vertrauen, dass er dem Tod ein Ende gesetzt hat. Denn am Ende steht nicht die Vernichtung, sondern die „Wiederherstellung aller und von allem", wie es Carl Orff nennt. Das ist das höchste und letzte Ziel – *Summus finis.*

Versöhnter Nachhall –
Gnade für alle!

Die Apokalypse endet mit einem versöhnten Nachhall, wenn Johannes sein gewaltiges und imposantes Werk mit den Worten beschließt: „Die Gnade des Herrn Jesus sei mit allen!" (Apk 22,21) Manche Übersetzungen fügen noch ein „Euch" hinzu, aber das ist im Urtext so nicht zu finden. Zum Abschluss steht also der Gnadenwunsch für alle! Damit wird deutlich: Gottes Liebe schließt am Ende niemanden aus, sie richtet sich an die ganze Menschheit, nicht nur an die Christengemeinden, und an die gesamte Schöpfung. Selbst den Teufel schließt sie nicht aus, wie Carl Orff überzeugt ist. So kann dieser als Lucifer zu seinen Ursprüngen zurückfinden. Das sind der neue Himmel und die neue Erde, die von Gott her auf uns zukommen. Wir könnten auch sagen: Das ist unsere Zukunft – die Zukunft für alles, was ist. So verstanden ist dieser Schlusssatz, mit dem Johannes sein Werk beschließt, eine Liebeserklärung Gottes an alles, was er einmal erschaffen hat. Es wird nicht im Chaos versinken, sondern am Ende steht das Neue.

Vieles in unserem Leben bleibt unverständlich und in Vielem ist Gott absolut fragwürdig. Das gilt es auszuhalten. Oft werden wir dabei schmerzlich an unsere Grenzen geführt. Angesichts unsäglichen Leids, das unsere Geschichte im Kleinen wie im Großen prägt, erfahren wir, dass wir Gott und seine Pläne schlussendlich nicht begreifen und verstehen können. Gerade das letzte Buch der Bibel konfrontiert uns immer wieder mit dieser Fragwürdigkeit, die in der alles entscheidenden Theodizee-Frage mündet: Warum lässt Gott das Leid zu oder warum gibt es das Böse überhaupt?

Auf diese Fragen finden wir auch in der Apokalypse keine Antwort. Das Böse, „Es", darf geschehen bzw. ihm wurde gegeben. Wir begegnen in dem Buch immer wieder der dunklen Seite Gottes, die uns Johannes nicht erspart. Er beschreibt sie in unterschiedlichen Facetten aber immer in der Gewissheit: Es wird regiert! Dabei lässt sich Gott in kein Schema pressen, seine Wege sind für uns Menschen unergründlich, doch am Ende des Buches der Apokalypse und damit am Ende unserer Bibel steht die Liebe, der Gnadenwunsch für alle, oder, wie wir auch sagen könnten, die Begnadigung aller: Damit Gott in allem verherrlicht wird – *ut in omnibus glorificetur Deus* (RB 57,9).